Das *ETWAS* andere Buch über KÜCHENKRÄUTER

von Siegfried Harmel

Hinweis: Das vorliegende Buch wurde sorgfältig erarbeitet. Trotzdem muss darauf hingewiesen werden, dass alle Angaben ohne Gewähr erfolgt sind. Für Nachteile oder Schäden, die aus nachfolgend gegebenen Hinweisen resultieren, kann keine Haftung übernommen werden.

Die Deutsche Bibliothek-CIP-Einheitsaufnahme

Das etwas andere Buch über Küchenkräuter

1. Auflage 2011

© 2011 by Krone Verlag, Am Hallenbad 7, 44534 Lünen / Westf.

Herausgeber: Dieter Krone, Lünen / Westf.

Idee & Texte: Dr.sc. et Dr. Siegfried Harmel, Pünderich / Mosel

Zeichnungen: Michael Neyses, Reil / Mosel

Fotos: Florafoto, Lochstampfer, Langenhagen

Litho: LightWerk, Eckhard Grote, Hille / Minden

Layout, Satz & Gestaltung: Kathrin Grote, LightWerk, Hille / Minden

ISBN 978-3-940486-49-3

Dieses Buch wurde gedruckt auf 100% chlorfrei gebleichtem Papier gemäß TCF-Norm.

INHALTSVERZEICHNIS

Angelika

Angelica archangelica

Blütenstand

Samen

Anbau

- man zieht Angelika aus Samen
- Aussaat im Herbst (Frostkeimer)
- auf mind. 30 x 30 cm auspflanzen
- bevorzugt lockeren, tiefgründigen, nährstoffreichen und humosen Boden
- liebt sonnigen bis halbschattigen Standort
- möchte feuchten bis nassen Boden haben (verträgt weder stauende Nässe noch große Trockenheit)
- wenn die Blüten immer ausgeschnitten werden, kann man Angelika zur Mehrjährigkeit bewegen
- nach 3 Jahren teilen und den Standort wechseln
- frische Blätter und Blattstiele kann man den ganzen Sommer über ernten (am besten vor der Blüte)

- Stängel zum Kandieren schneidet man vor dem Hochsommer
- spät im Herbst werden die Samen eingesammelt
- Wurzeln am Ende des ersten Jahres ernten (im zweiten meist holzig), der Länge nach aufschneiden und zum Trocknen auffädeln; wenn sie ganz dürr sind, werden sie zerkleinert
- die Wurzeln treiben im zweiten (bzw. den Folgejahren neu aus)
- Angelika ist nicht für Balkonkästen und bedingt für große Krüge geeignet
- eine vierköpfige Familie benötigt eine Pflanze *

Hierbei wird angenommen, dass man in der Regel an beiden Tagen des Wochenendes, in der Woche aber nur gelegentlich abends Speisen zu Hause bereitet (vorwiegend Salate !) und dass die Familienmitglieder alle Küchenkräuter mögen, aber keinen besonderen Favoriten haben; der bei jedem Küchenkraut angegebene Pflanzenbedarf basiert auf einer Erhebung unter 36 Hobby-Köchen.

Geschmack

- schmeckt anfangs süßlich, dann scharf bis würzigbitter
- bittersüß- moschusartig
- leicht erdig mit einem möglichen Beigeschmack nach Anis, Schnittsellerie oder Wacholder
- der Geschmack variiert sehr in Abhängigkeit von der Klimazone

WARNUNG:

Empfindliche Personen sollten vom Verzehr der Pflanze absehen (bei größeren Mengen und bei direktem Hautkontakt mit dem frischen Saft können Hautreizungen auftreten).

Verwendung in der Küche

Bereitung von Speisen und Getränken

- an Majonäse
- als Salat und an Salate
- als Gemüse
- an Suppen (besonders Wildkräutersuppe)
- frisch gehackte Blätter an Soßen (speziell Minzsoße)
- die Blätter sind zwingend notwendig für alle gemischten Kräutertees

- Wurzeln werden für die Wermut- und Likörherstellung genutzt
- Samen mit Stängeln vermischt in Drinks wie Gin
- kandiert zur Verzierung von Biskuit und Kuchen
- mit sauren Früchten zu Marmelade kochen (Orangen, Pflaumen, Rhabarber, Stachelbeeren)
- in Zucker gekocht als Nachspeise

Welche Pflanzenteile werden verwendet ?

- die ganze Pflanze ist aromatisch, weshalb alle ihre Teile verwendet werden
- junge Stängel und Blätter
- Samen und Wurzel
- blanchierte junge Schösslinge als Salat
- gehackte Blätter für Kräutermischungen

ANIS – *Pimpinella anisum*

Anbau

- Vermehrung fast nur durch Samen (sehr selten führen Gärtnereien Pflanzen)
- Aussaat ab Ende März in Reihen mit 20 cm Abstand in 2 - 3 cm Tiefe
- Keimdauer ca. 20 - 28 Tage (deshalb am besten Markiersaat benutzen)
- auf 10 - 15 cm vereinzeln (möglichst nicht umpflanzen)
- liebt gut drainierten, nährstoffreichen, etwas kalkhaltigen und nicht zu feuchten, wasserdurchlässigen Boden
- mäßige Humus- und Düngergaben in den stets locker zu haltenden Boden fördern das Wachstum
- wächst nur an sonnigen, geschützten Stellen (an rauen, feuchten reift der Samen nicht aus)
- der Boden sollte nicht zu feucht und wasserdurchlässig sein
- Anis benötigt einen langen, heißen Sommer, damit seine Samen reifen
- wächst sehr gut, wenn er mit Koriander zusammen gezogen wird
- die Blätter und Blüten können laufend geerntet werden
- wenn die Fruchtspitzen braun sind, wird ab August das Kraut geschnitten, gebündelt und an der Luft getrocknet, dann wird der Samen ausgedroschen
- ist nicht ganz winterhart
- wegen der langen Pfahlwurzel nicht für Balkonkästen und nur bedingt für Töpfe geeignet
- unsere vierköpfige Musterfamilie benötigt 2 - 3 Anispflanzen

Anis
Pimpinella anisum

Fruchtstand

Einzelfrucht

Verwendung in der Küche

Bereitung von Speisen und Getränken

- wird wegen des lakritzähnlichen Geschmacks gern zu Quarkspeisen und Käsegerichten genommen
- an Reis
- zu Salaten (speziell zu grünem Salat und zu Gurkensalat)
- zu süß oder süßsauer abgeschmecktem Gemüse (geschmorte Gurken, Möhren, Rot- und Weißkohl, Sauerkraut) und Obstsuppen
- an Soßen
- zu Fisch und Meeresfrüchten
- für Ente, Huhn, Schweinefleisch, Fisch und Fischsalate sowie Meeresfrüchte und Hummersoße
- an Milchmixgetränke
- Anisgetränke werden in der Küche verwendet
- das Anisöl, das aus den Samen gewonnen wird, benutzt man zur Herstellung vielfältiger Aperitifs
- für die Herstellung von Absinth, Anisette, Arrak, Ouzo, Pastis, Pernod, Ricard, Sambucca und weiteren alkoholischen Anisgetränken
- an chinesische Gerichte
- zu Pilzen (Maronen)
- zum Einlegen von süßsauren Früchten wie Kürbis, Gurken und Birnen
- für Süßspeisen und Süßigkeiten, süße Fruchtsuppen und Aufläufe, für Pudding und Cremes, auch an Apfelmus
- zu Backwaren wie Brot, Zwieback, Kuchen, Apfeltorte und besonders zur Weihnachtsbäckerei (Lebkuchen, Pfeffernüsse, Printen, Honigkuchen, Anisplätzchen)

Welche Pflanzenteile werden verwendet?

- am häufigsten werden die reifen getrockneten Samen – das eigentliche Gewürz – verwendet
- die grünen Blätter werden als Würzkraut (besonders an Fruchtsalate mit Feigen, Datteln und Kastanien) oder als eigenständiger Salat genutzt
- Stängel und Wurzeln zu Suppen
- Blüten kann man sehr schön in Fruchtsalate mischen

Geschmack

- würzig-süß und frisch
- süß-aromatisch bis fruchtig
- leicht scharf
- lakritzähnlich
- die Blätter sind mild-pfeffrig

Tipps:

Da Anis sehr aromatisch ist, sollte man beim Kochen und Backen mit ihm nur sparsam umgehen. Verträgt sich schlecht mit anderen Küchenkräutern und Gewürzen.

Feingemahlener Anissamen verliert seine Würzkraft sehr schnell, deshalb ungemahlen aufbewaren und bei Bedarf zerkleinern.

BÄRLAUCH – *Allium ursinum*

Bärlauch
Allium ursinum

Fruchtstand

Blütenstand

Wurzelwerk

Anbau

- Bärlauch gehört zu den Wild-
  kräutern, die von kräuterkundigen
  Feinschmeckern sehr gern gesammelt werden
- er wächst meist in großer Zahl
  in nährstoffreichen feuchten
  Laubwäldern, Bergmisch- und
  Auenwäldern, aber auch auf Wiesen
  und Feldern und bildet oft ganze
  Teppiche
- Fortpflanzung überwiegend
  vegetativ (Vermehrung durch
  Samen ist sehr kompliziert)
- die Zwiebel wurzelt bis 60 cm Tiefe
  und entfaltet sich ab April
- die Ernte der frischen jungen
  Blätter erfolgt am besten vor der
  Blüte
- die Pflanze zieht bereits im
  Mai / Juni ein
- wird nicht kommerziell angebaut
  und ist deshalb nur lokal auf
  Märkten zu finden

! ACHTUNG:

**Beim Sammeln nicht mit
dem giftigen Maiglöckchen
verwechseln !**

- einen Platz im Kräutergarten fand
  der Bärlauch bisher nur äußerst
  selten
- für unsere Beispielfamilie muss
  sich der Gang in den Wald schon
  lohnen, sie erntet die jungen
  Blätter etlicher Pflanzen (10 - 20)

Geschmack

- mehr oder weniger scharf
  (weniger als Knoblauch)
- schmeckt nach Knoblauch

Tipps:

*Bärlauch passt zu allen
Gerichten, die auch
Knoblauch vertragen –
und wird gern als milder
Knoblauchersatz genutzt !*

*Eine Konservierung
von Bärlauch ist nicht
sinnvoll, denn beim
Trocknen oder Einfrieren
gehen die Inhaltsstoffe
völlig verloren!*

Verwendung in der Küche

Bereitung von
Speisen und Getränken

- auf Butterbrot, an Kräuterbutter
  und Quark
- an Salate und Gemüse
- die Zwiebel wird auch als
  Wildgemüse verwendet
- an Suppen und Soßen
- zu Fleischspeisen
- in kleinen Schlucken genossen ist
  Bärlauch-Wein mit Honig oder
  Sirup gesüßt ein interessantes
  Geschmackserlebnis

Welche Pflanzenteile
werden verwendet ?

- die Blätter werden wie
  Schnittlauch und Petersilie klein-
  geschnitten und mitgekocht oder
  frisch verwendet
- wie bei Knoblauch werden auch
  die Zwiebeln verwendet

BASILIKUM – *Ocimum basilicum*

Anbau

- aus Samen ab März ins Saatbeet (nicht mit Erde bedecken, nur andrücken) in Reihen von 20 cm Abstand ziehen
- Keimdauer 7 - 14 Tage (Lichtkeimer)
- auf 20 cm vereinzeln (nicht umpflanzen)
- ab Mitte Mai ins Freibeet (oder den Balkonkasten), wenn keine Frostgefahr mehr besteht
- durch Folgesaaten immer für Jungpflanzen sorgen
- ist auch gut durch Pflanzenteilung zu gewinnen
- nicht zusammen mit Estragon, Minze, Rosmarin oder Salbei anpflanzen; wächst aber sehr gut neben Tomaten
- liebt leichten, lockeren, nährstoffreichen, sandig-lehmigen Boden (mit Kompost)
- möchte eine windgeschützte sehr sonnige Lage (aber keine sengende Hitze) haben
- reichlich Wasser (aber nicht von oben); außerdem nie am Abend wässern, sondern immer mittags; bei heißem Wetter die Blätter abspritzen
- Basilikum lockt Insekten zur Bestäubung von Gurkenblüten an
- sollte im Garten vor Schnecken geschützt werden, zu deren Lieblingsspeisen Basilikum gehört
- wenn die Pflanzen ausgewachsen sind, für besseres Breitenwachstum die Spitzen herausbrechen
- verträgt keinen Frost
- geerntet werden kann ständig (immer die untersten Blätter abpflücken), noch besser ist es jedoch, nicht die einzelnen Blätter, sondern die Triebe zu ernten – das verhindert den Blütenansatz und sorgt für ein buschiges Wachstum
- im Spätsommer vor der Blüte zum Trocknen etwa 4 cm über dem Boden abschneiden (im Schatten trocknen)
- gedeiht auch sehr gut in Balkonkästen und Blumentöpfen (wächst im Topf meist besser als im Garten)
- eine Familie benötigt 2 - 3 Basilikumpflanzen

Basilikum
Ocimum basilicum

Blüte

Blatt

Verwendung in der Küche

Bereitung von Speisen und Getränken

- für Kräuterbutter und Majonäse
- frisch zu grünem Salat und Tomaten
- zu Wildkräutersalaten und Salattunken
- zu jungem Gemüse
- klassisches Küchenkraut zu Tomaten (Tomatensalat mit Salz und Olivenöl anmachen oder zusammen mit Knoblauch!)
- zu Paprikaschoten und Auberginen, Schwarzwurzel und Spargel
- zu Hülsenfrüchten, weißen Bohnen und an Kohlgerichte
- zu Suppen (besonders Tomaten-, Kartoffel- und Zwiebelsuppen)
- zur klassischen Schildkrötensuppe und zu Schalentieren
- an Tomatensoßen
- Soßen der ital. und franz. Küche
- Hauptbestandteil des berühmten Pesto, einer klassischen Nudelsoße
- zu Fleisch (besonders zu Schweinebraten, Lamm und Hammel), sehr gut auch zu Huhn und Hackbraten, sowie zu Fleischgerichten mit Wein und Knoblauch
- zu gedünstetem und gegrilltem Meerfisch
- an Meeresfrüchte
- zu Eierspeisen
- Tee aus getrocknetem Kraut
- italienische Küche (Mozzarella mit Tomaten und frischem Basilikum)
- gehört besonders in die indische und malaiische Küche
- an Pilze
- zu Marinaden und Vinaigrettes
- zur Bereitung von Kräuteressig aus Weinessig
- zum Einlegen von Gurken
- für Rohkost und für Diäten gut geeignet

Welche Pflanzenteile werden verwendet ?

- meist die frischen Blätter (sehr sparsam verwenden, da starke Würzkraft)
- Blätter und Kraut (nicht kleinschneiden, sondern mit der Hand zerreißen)
- pulverisiert für Wurst (besonders Leberwurst), Pasteten und Ragouts
- aus den Blättern zusammen mit Zitronensaft für hinreißende Sorbets
- Blütenknospen werden in Salaten oder zur Garnierung verwendet

Geschmack

- süße delikate Schärfe (verstärkt sich noch beim Kochen)
- pfefferartig-süß bis feurig-würzig
- erinnert an (Gewürz-) Nelken, Minze und Anis

Tipps:

Äußerst vielseitig verwendbar – fast so breit wie Petersilie !

Basilikum ist aber sehr eigenwillig – deshalb bitte nicht mit anderen Kräutern mischen (die Ausnahme ist Knoblauch) !

Mitkochen und am Ende mit frischen Blättern nachwürzen !

Mit Öl zerstoßen oder mit den Fingern zerreißen (nicht hacken) !

BEIFUß – *Artemisia vulgaris*

Anbau

- Vermehrung durch Stockteilung oder Aussaat
- Aussaat ab April ins Frühbeet (Lichtkeimer)
- Keimdauer 2 - 4 Wochen
- Pflanzweite 40 x 40 cm
- einfacher ist es, den Wurzelstock zu teilen
- wächst zwar in jedem Gartenboden, verlangt aber nährstoffreichen, leicht kalk- haltigen Boden, um nicht holzig zu werden
- liebt mitteltrockenen, durch- lässigen Boden und einen sonnigen Platz
- im Winter abfrieren lassen, die Pflanze treibt im Frühjahr wieder aus
- Ernte der Rispen kurz vor dem Aufblühen der Blütenknospen (sind nach der Ernte zu bitter), die Rispen werden ca. 10 cm unter dem untersten Knospenansatz abgeschnitten
- Beifuß lässt sich im Balkonkasten ziehen, besser geeignet ist jedoch ein größerer Tonkrug
- zwei bis drei Pflanzen reichen für den Bedarf einer Familie

Geschmack

- mild-würzig bis zartbitter
- süß
- mit scharfem Wacholder- und Pfefferaroma
- oft mit erdiger Note und einem Hauch von Minze

Tipps:

Verstärkt den Eigen- geschmack schon durch geringe Zugabemengen !

Beifuß ist das beste Küchenkraut für Leute, die einen empfindlichen Magen haben !

(Mitgekocht macht Beifuß fett- reiche Gerichte bekömmlicher).

Verwendung in der Küche

Bereitung von Speisen und Getränken

- an fette Käsegerichte (z.B. Feta)
- zu Salaten
- für kräftige Soßen
- an alle fetten Fleischgerichte
- zu Gänse- und Entenbraten
- zu Schweine- und Wildbraten
- auch zu Kalbshaxe und Hammel
- zu gebratenem Aal
- aber auch zu Fisch und Pilzen
- auch für die Essig- und Kräuterölherstellung geeignet
- zum Auslassen von Schmalz
- an Aufläufe

Welche Pflanzenteile werden verwendet ?

- frische junge Blätter und Triebe
- frische Rispen mit geschlossenen Knospen
- Blütenknospen

BEINWURZ – *Symphytum officinale*

Anbau

- wächst als Wildkraut an Teichen, Bachläufen, Gräben, feuchten Wiesen und Feldrändern
- man kann im Herbst oder im Frühjahr Samen aussäen, einfacher ist jedoch die Vermehrung durch Wurzelteilung
- in Abständen von 40 x 50 cm ca. 5 cm tief pflanzen
- liebt tiefgründigen Boden (im Frühjahr und Spätsommer am besten frischen Mist geben) mit reichlich Humus

- der Boden sollte nährstoffreich und sauer bis schwach alkalisch sein
- gedeiht in der Sonne, aber auch im Schatten; am besten in lichtem Halbschatten unter Obstbäume oder am Heckenrand pflanzen
- stets feucht halten
- der Standort muss gut überlegt sein, denn die Pflanze lässt sich wegen der langen Wurzeln so gut wie nicht wieder entfernen (als Hintergrund- oder Sichtschutzpflanze sehr gut geeignet)

- Ernte der frischen Blätter vor der Blüte vom Frühjahr an laufend
- die Wurzel wird von Oktober bis April geerntet (nur einen Teil des Wurzelwerkes entnehmen)
- die Wurzeln sind winterhart
- abgestorbene Stängel im Winter abschneiden
- lebt mindestens 20 Jahre
- ist nicht für die Haltung in Balkonkästen und Töpfen geeignet
- der Bedarf für eine Familie liegt bei einer Pflanze

Geschmack

- leicht süßlich, frisch-würzig
- die Wurzeln schmecken etwas nach Kampfer

WARNUNG:

Da Beinwurz einige Stoffe enthält, die das zentrale Nervensystem lähmen, müssen wir vor übermäßigem Genuß warnen !

Verwendung in der Küche

Bereitung von Speisen und Getränken
- sehr schmackhaft sind die Blätter mit Holländischer Soße und geriebenem Käse
- als Salat
- sehr gut auch zu Gemüse
- Sprossen lassen sich wie Spargel zubereiten
- zu eingelegten Gurken und zu Mangold und Spinat
- auch an Suppen und Eierspeisen
- in Eierkuchenteig tauchen und frittieren

Welche Pflanzenteile werden verwendet ?
- Blüten für Salate
- junge Blätter vor der Blüte
- die bis zu 300 cm lang werdende Wurzel (frisch oder getrocknet und gemahlen)

BOHNENKRAUT – *Satureja hortensis*

Bohnenkraut

Satureja hortensis

Blüte

Zweig

Anbau

- flach (Lichtkeimer) ins Freiland
  in lockeren Boden, in sonniger
  Lage von April an in Reihen mit
  15 cm Abstand säen
- keimt nach 2 - 3 Wochen;
  dann auf 15 cm vereinzeln
  (da Bohnenkraut das Umpflanzen
  nicht mag)
- ein nährstoffreicher (nicht frisch
  gedüngter), lockerer, humoser
  Boden wirkt sich günstig aus
- benötigt einen sonnigen Platz
  (am besten am Rande eines
  Bohnenbeetes; Bohnenkraut
  schützt die Bohnen vor Läusen)
- Sommerbohnenkraut benötigt
  sehr viel Wärme, um ein intensives
  Aroma zu entwickeln
- es braucht in der ersten Wachstumsphase viel Feuchtigkeit,
  ansonsten reicht ein mitteltrockener Boden
- geerntet wird es ständig frisch;
  die grünen Blätter haben kurz
  vor und während der Blüte das
  würzigste Aroma
- Ernte für das Trocknen: kurz
  vor und während der Blüte
- sehr gut in Töpfen und
  Blumenkästen zu ziehen
- 2 - 3 Pflanzen reichen für den
  Familienbedarf

Verwendung in der Küche

Bereitung von Speisen und Getränken

- zu Salaten (besonders zu grünem
  Salat und zu Gurkensalat)
- zu Kartoffelsalat, Kartoffelpuffern,
  Bratkartoffeln und Kartoffelklößen
- klassische Beigabe zu grünen
  Bohnen und allen anderen Hülsenfrüchten, aber auch zu Rot- und
  Weißkohl (zusammen mit Thymian)
  und Tomatengerichten
- zu kräftigen Suppen und Eintöpfen
- zu Soßen (besonders Tomatensoßen)
- zu allen fetten Fleischgerichten
- für deftige Ragouts
- sehr gut zu Wild und Lamm
- an (Leber-)Wurst- und
  Wurstsalate
- an Fischsalate und fast alle
  Fischgerichte
- an Pilzgerichte
- wird zum Auslassen von Fett benötigt
- an Füllungen
- zum Herstellen von Kräuteressig
- zum Einlegen von Gurken
- auch für vegetarische Küche
- für Diäten

Welche Pflanzenteile werden verwendet ?

- Verwendung der Blätter und kleinen
  Zweige sowohl frisch als auch
  getrocknet
- auch als Pulver gut zu verwenden
- Blüten für Salate und zum
  Garnieren

Geschmack

- intensiv aromatisch
- würzig-pfeffrig
- manchmal beißend
- leicht harzig, an Majoran, Minze
  und Thymian erinnernd
- etwas bitter

Tipps:

Bohnenkraut wird in der Regel mitgekocht bzw. -gebraten.

Wird es roh zu Salaten verwendet, sollte man ganze Blätter nehmen, denn beim Hacken wird der Geschmack oft zu kräftig oder bitter.

Es wird häufig zu Kräutermischungen, insbesondere zu „Bouquet garni" hinzugenommen. Dient auch als Pfefferersatz – man soll es aber sparsam dosieren.

BORRETSCH – *Borago officinalis*

Borretsch

Borago officinalis

Blatt

Blütenstand

Anbau

- Aussaat im März - April mit Folgesaaten ins Freiland bei einer Reihenentfernung von 30 cm
- Keimdauer 6 - 8 Tage
- später auf 20 cm vereinzeln, da er sich wegen der langen Pfahlwurzel schlecht verpflanzen lässt
- sät sich selbst aus, so dass für das nächste Jahr gesorgt ist
- Borretsch liebt einen gut gedüngten Boden, der feucht, aber locker, durchlässig und kalkhaltig sein sollte
- wächst in jedem Garten, am besten aber in Sonnenlagen
- braucht mehr Feuchtigkeit als die meisten Küchenkräuter; muss bei längeren Trockenperioden gut gewässert werden
- er wirkt sich günstig auf den Wuchs und die Gesundheit von Tomaten, Rote Beete, Sellerie, Erdbeeren, Kohl, Kohlrabi, Gurken und Zucchini aus
- Ernte der jungen frischen Blätter ständig möglich
- ist nicht sonderlich als Topfpflanze geeignet
- der Pflanzenbedarf für eine vierköpfige Familie liegt bei 2 - 3 Stück

Geschmack

- feinsäuerlich erfrischend
- Gurkengeschmack
- leicht salzig

Tipps:

Nicht kochen – nur frisch (und möglichst kleingehackt) verwenden !

Die sehr wasserhaltigen Blätter schmecken nur frisch, weshalb sie nicht haltbar gemacht werden.

Borretsch ist eine der traditionellen Pflanzen des Kräutergartens.

Verwendung in der Küche

Bereitung von Speisen und Getränken

- auf Butterbrot
- sehr gut zu Joghurt, Käsecreme, Weichkäse, Quark und Majonäse
- zu allen Arten Salat (besonders Gurken- und grünem Salat)
- auch an Wild- und Kartoffelsalat
- sehr gut als Zugabe zu Spinat und Mangoldgemüse
- man kann ihn auch als Spinat kochen
- verfeinert alle Kohlgerichte
- in Erbsen- und Bohnensuppen
- an kalte Soßen (besonders helle Fischsoßen), aber auch für grüne Soße
- zu Aal
- an Eierspeisen (kleingehackte Kräuter zu hart gekochten Eiern)
- gibt Erfrischungsgetränken einen leichten Gurkengeschmack (Blätter und Blüten 1 Stunde ziehen lassen)
- Wein sowie Apfelwein lässt sich so gut aromatisieren
- auch für heiße Getränke vorzüglich geeignet (Zitronensaft und Zucker hinzufügen)
- für Marinaden ebenfalls gut verwendbar
- zum Einlegen von Gurken und Sauergemüse
- auch für Rohkost
- sehr gut für kochsalzarme Diäten
- Blüten (auch verzuckert) zum Garnieren

Welche Pflanzenteile werden verwendet ?

- nur junge, samtweiche Triebe verwenden (nie die behaarten Stängel)
- Blätter werden am besten kleingehackt (da die Haare an den Blättern nicht sehr appetitlich aussehen)
- auch die Blüten sind essbar, werden sehr gern zu Speiseessig genommen
- gelegentlich kandiert man auch die Blüten oder friert sie in Eiswürfel für Drinks ein

BRENNNESSEL – *Urtica dioica*

Anbau

- man sammelt diese Wildpflanze zum Trocknen im Frühsommer
- sie verbreitet sich vorwiegend durch unterirdische Ausläufer
- Vermehrung durch Pflanzenteilung und Samen
- bevorzugt nährstoffreiche Schuttplätze, Ödland, Mauern, Hecken, Zäune, Weg- und Gehölzränder
- gedeiht am besten in sonnigen bis halbschattigen Lagen
- junge Triebe und Blätter kann man fast ganzjährig ernten (am besten mit Handschuhen)
- Ernte der Blüten ab Juli
- im Garten sollte man Brennnesseln dort wuchern lassen, wo sie nicht stören (wenn man die Samenbildung verhindert und zu weit wachsende Wurzel-ausläufer mit dem Spaten absticht, kann eigentlich nichts passieren)
- man zieht Brennnesseln nicht in Balkonkästen oder Töpfen
- für eine Familie reichen 2 - 3 Pflanzen, wenn man Brennnessel nicht wie Spinat zubereiten möchte

Geschmack

- angenehmer herb-bitterer Geschmack (erinnert an Spinat)

Tipps:

Brennnesseln sollten grund-sätzlich in Fett oder Salz-wasser kurz gegart werden, damit sie nicht „brennen", man kann sie dafür auch leicht anwelken lassen.

Die getrockneten leicht zerkrümelten Blätter werden in verschlossenen Gläsern dunkel aufbewahrt.

Verwendung in der Küche

Bereitung von Speisen und Getränken

- Blütenstände in Butter gedünstet sind sehr delikat
- zur Zubereitung von Majonäse
- junge Triebe an Salate und Salatsoßen
- an Spinat, aber auch eigenständig wie Spinatgemüse
- an Suppen (Brennnesselsuppe, Kräutersuppe) und Eintöpfe
- in Schmorgerichten kann man auch ältere Blätter verwenden
- Kräutertee aus frischen oder getrockneten Blättern
- an Marinaden, Kräuteressig und Kräuteröl
- an Rohkostgerichte

Welche Pflanzenteile werden verwendet ?

- Blätter sind frisch am gehaltvollsten
- auch die Blüten kann man verwenden
- aus dem frischen Kraut kann man auch Saft auspressen, der jedoch bald getrunken werden muss

Brennnessel

Urtica dioica

Blütenstand (weibl.)

DILL – *Anethum graveolens*

Anbau

- Aussaat von März - April in Reihen ins Freiland mit Folgesaaten
- keimt nach 14 - 21 Tagen
- auf 20 cm verziehen (verträgt das Umpflanzen nicht)
- wächst in fast jedem Gartenboden (besonders, wenn dieser gut drainiert und nährstoffreich ist)
- möchte möglichst windgeschützt stehen
- braucht viel Sonne, darf aber nicht austrocknen
- nicht mit Fenchel zusammen säen, da es sonst zu Kreuzungen kommt
- verträgt sich auch nicht gut mit Estragon, Minze, Rosmarin und Salbei

- wächst am besten zusammen mit Gurken, bei denen er einen kühlen Fuß sowie an Blättern und Dolden viel Sonne hat
- Dill begünstigt das Aufgehen der Saat von Kohl, Gurken, Möhren und Zwiebeln; er beugt Wurzelschädlingen vor und hilft Buschbohnen, Erbsen und Spargel bei der Blattlausabwehr
- wenn Dill nicht sonderlich gedeiht, versucht man es an einem anderen Ort
- Dill ist winterfest
- Blätter kann man jederzeit ernten, sollte es aber vor der Blüte tun, die Blüten kurz vor der Samenbildung

- den Samen einsammeln, wenn die Dolden braun werden (am besten die ganze Pflanze abschneiden und die ausfallenden Samen beim Trocknen auf einer Unterlage einsammeln)
- gedeiht auch im Balkonkasten mit Balkonblumen auf Blumenerde, der 1/3 Sand beigemischt ist (im Topf allein wird er schnell gelb)
- der Bedarf einer vierköpfigen Familie, in der man schon etwas mit Küchen-Kräutern würzt, ist erheblich; die ganze Saison hindurch sollte man die Möglichkeit haben, zwischen 10 und 20 Pflanzen zu ernten

Dill
Anethum graveolens
Blütenstand
Laub
Samen

Geschmack

- alle Pflanzenteile sind leicht scharf aber süß und mit etwas Zitronenaroma; sie schmecken frisch
- die Blätter schmecken nach Petersilie und Anis
- die Samen sind bitterlich-herb, sie schmecken etwas nach Anis und Kümmel

Tipps:

Grünen Dill nicht mitkochen (Aromaverlust) – getrockneten erst in letzter Minute reichlich zugeben !

Dill ist das klassische Fisch- und Gurkenkraut !

Er lässt sich hervorragend einfrieren und auch trocknen (am besten über einem Tuch, um die Samen zu gewinnen) verliert aber viel Aroma. Die Samen getrocknet im Schraubglas aufbewahren.

Jeder, der einen Garten hat, sollte Dill anbauen – ein Kräutergarten ohne Dill und ein Koch, der keinen Dill verwendet, sind undenkbar !

Verwendung in der Küche

Bereitung von Speisen und Getränken

- an Kräuterbutter (Dillbutter)
- auf Butterbrot
- auch sehr lecker an Joghurt und saurer Sahne (besonders zu Gurken)
- mit Quark und / oder Hüttenkäse zu gekochten Kartoffeln
- auch allein an Weichkäse
- Dillmajonäse für Fischsalate
- zu grünem Salat, Gurkensalat und neuen Kartoffeln bzw. Kartoffelsalat
- an Bohnensalate
- an Spinatgemüse, Sauerkraut und Kohl
- zur Sauerkrautherstellung
- an Suppen und Eintöpfe, aber auch als Dillsuppe
- Dillsoße passt ideal zu grünem Aal, Krabben und Krebsen
- aber auch an vielerlei andere (auch kalte) Soßen
- zu Hammelbraten, Lamm, gedämpftem Huhn und gegrilltem Fleisch
- sowohl zu Koch- als auch zu Bratfisch
- mit Salz zusammen an Lachs
- zu Eierspeisen
- wird besonders in der türkischen und skandinavischen Küche (Räucherlachs) verwendet
- für Marinaden/Vinaigrettes
- zur Herstellung von Dillessig
- Dill wird für das Einlegen von Gurken und anderem Sauergemüse (z.B. Blumenkohl) benötigt
- sauer Eingelegtes (Fleisch und Fisch)
- an Rohkostspeisen
- an Apfelkuchen, Kuchen und Brot

Welche Pflanzenteile werden verwendet ?

- frisches Kraut schmeckt am besten, lässt sich aber auch gut trocknen
- Samen können ganz oder gemahlen verwendet werden
- Samen besonders für Fisch und Huhn
- Samen an Kohlgerichte und Krautsalate
- Samen mit Kümmel und Knoblauch als Quarkgewürz
- Samen sind bei Sauerkraut- und Pilzgerichten nahezu unentbehrlich
- Blütendolden (haben stärkeres Aroma als die Blätter)
- Stiele

ESTRAGON – *Artemisia dracunculus*

Anbau

- den Aromatischen Estragon kann man nur aus Ablegern, durch Pflanzenteilung oder über Blattstecklinge ziehen
- auf 30 x 30 cm Abstand setzen
- Estragon ist recht anspruchsvoll
- liebt nahrhaften, gut durchgearbeiteten, mäßig sauren bis neutralen, aber durchlässigen Boden
- verlangt in der Wachstumsphase Dünger, um sein Aroma voll zu entfalten, sonst reicht ein mittlerer Humusgehalt aus
- braucht einen sonnigen bis halbschattigen, windgeschützten, trockenen Platz, muss aber in trockenen Zeiten reichlich gegossen werden
- günstig ist die Befestigung an einem Stab
- Estragon sollte in einer „schneckenfreien Zone" angebaut werden, sonst hat man kaum Freude an ihm; erst große Pflanzen sind relativ sicher vor Nacktschnecken
- die Blüten abzupfen, damit sich die Blätter besser entwickeln
- im Herbst kurz schneiden, vor dem Frost mit Stroh oder lockerem Laub abdecken
- die Pflanze sollte alle 3 - 4 Jahre durch Teilung erneuert und in frische Erde gesetzt werden
- die Blätter können ständig geerntet werden
- die Haupternte ist im Spätsommer; zu Beginn der Blüte über dem Boden abschneiden, bündeln und im Schatten trocknen
- im Winter in rauher Gegend abdecken (die Stauden treiben aus dem Wurzelstock neu aus)
- im Topf oder Balkonkasten können Jungpflanzen ein Jahr lang an einem hellen Standort gehalten werden
- zwei bis drei Pflanzen reichen für eine Familie

Verwendung in der Küche

Bereitung von Speisen und Getränken

- Kräuterbutter
- zu scharfer Majonäse
- zu allen Salaten, aber besonders gut zu grünem Salat
- an Gemüse, besonders an Bohnen und Gurken
- ideal zu Spargel
- lecker zu Kürbisgemüse
- an Sahnepürees und Sahnesuppen
- zu vielen Soßen, besonders in scharfe Soßen, auch in Salat- und Kräutersoßen
- zu vielen hellen Soßen (besonders zu Spargelsoße und zu Fischsoßen)
- Sauce Béarnaise ist das bekannteste Gericht mit diesem Küchenkraut
- auch die Sauce Hollandaise und die Sauce Tartare bedürfen des Estragons
- zu Fleisch, besonders Kalbfleisch und Geflügel, aber auch zu Leber- und Herzgerichten sowie zu Ragouts und Steaks
- zu Fisch, insbesondere zu gekochtem und gegrilltem Fisch
- an Omelettes, Rührei und andere Eierspeisen
- mit Estragon gefrorene Eiswürfel ergeben in Kaltgetränken einen interessanten Geschmack
- auch zur Herstellung von Likör
- besonders wichtig in der französischen, chinesischen und indonesischen Küche
- in Füllungen für Hähnchen
- würzt Fleischbrühe
- an Weinessig (produziert aus billigstem Essig eine köstliche Salatwürze); wird gern mit Majoran, Dill, Basilikum, Bohnenkraut und Thymian sowie einer Zwiebel zur Herstellung von bestem Kräuteressig verwendet
- Einlegen von Gurken und Essiggemüse
- an Rohkost und Diätgerichte

Welche Pflanzenteile werden verwendet ?

- Blätter und feine Triebspitzen werden verwendet
- frische Estragon- blättchen für sanftes delikates Würzen

Geschmack

- frisch-würzig
- bittersüß
- anisartig

Estragon
Artemisia dranunculus

Trieb mit
Blütenständen

frische, junge Triebe
ohne Blüten

FENCHEL – *Foeniculum vulgare*

Anbau

- Aussaat April bis Mai ins Freiland in Reihen von 15 - 20 cm
- keimt nach 15 - 20 Tagen
- in der Reihe auf 10 cm vereinzeln und ein Jahr stehen lassen
- im zweiten Jahr auf 40 - 60 cm verpflanzen
- einfacher ist jedoch der Kauf vor-gezogener Pflanzen in auf Küchenkräuter spezialisierten Gärtnereien
- hat lange rübenförmige Wurzeln (lassen sich später nur schwer aus dem Boden entfernen)
- braucht einen nährstoffreichen, kalkhaltigen Boden
- ein tiefgründiger, feuchter Boden ist ihm am liebsten
- liebt windgeschützte und vollsonni-ge Lagen; benötigt viel Wärme und Sonne für die Samenreifung
- Fenchel hemmt beim Anbau Bohnen und Tomaten stark im Wuchs
- man sollte ihn auch nicht neben Koriander oder Kümmel pflanzen
- gute Nachbarschaft hält er dagegen mit Erbsen, Gurken, Kohl und Salat
- hält einige Jahre aus (besonders wenn man ihn nicht blühen lässt)
- er ist winterhart, sollte aber im Winter abgedeckt werden

- alle 3 - 4 Jahre teilen und in neue Erde setzen
- der Samen wird von September bis Oktober geerntet (wie beim Anis zuerst die Mitteldolden schneiden, dann die äußeren); abschneiden ehe die Dolden sich färben, um grüne Samenkörner zu bekommen
- wenn keine Samen benötigt werden, sollte man die Samenköpfe entfernen, um das Blattwachstum zu fördern
- Stängel und Blätter können nach Bedarf geerntet werden, Samen-körner erst im zweiten und dritten Jahr
- in rauhen Lagen sollte man die Wurzeln über den Winter abdecken
- Fenchel lässt sich nicht im Haus ziehen
- zwei bis drei Pflanzen reichen für eine Familie

Fenchel
Foeniculum vulgare

Samen

Blütenstand

Laub

Geschmack

variiert stark :
- wilder Fenchel ist leicht bitter
- süßer oder römischer Fenchel ist
  süßherb und schmeckt frisch
- erinnert an Anis
  (ist anisähnlich, aber nicht so süß)
  mit einem Hauch Kampfer

Verwendung in der Küche

Bereitung von
Speisen und Getränken
- Fenchelkraut zusammen mit
  Pimpinelle und Käsewürfeln
  als Salat
- an Kräutermajonäse
- an Salate
- gehackte Fenchelblätter an
  Butterkartoffeln sind sehr
  schmackhaft
- an Sommergemüse
- Fenchelknollen als Gemüse
- für Einstampfen von Sauerkraut
- zu Suppen und Soßen
  (besonders zu Essigsoßen)
- für Fenchelsoße
- passt auch gut zu Fleisch,
  besonders gut zu Spanferkel,
  Schweinefleisch, Kalbfleisch
  und Wildschwein
- zu frischem und gesalzenem Fisch
  (wird im Wasser mitgekocht)
  sowie zu Meeresfrüchten
- zu Füllungen
- zu Hühnerbrühe und Fischboullion
- an Marinaden
- zum Einlegen von Gurken und von
  süßsaurem Gemüse

- für süße Backwaren und
  Brotsuppen
- an Aufläufe
- an Kompott
- an Pflaumenmus und Pudding

Welche Pflanzenteile
werden verwendet ?
- alle Pflanzenteile sind essbar
- Samen werden wie Kümmel
  verwendet (sind aromatischer
  als die Blätter)
- Samen für Tee
- Samen auch als Bestandteil des
  Würzbouquets für Schnecken
- die halbreifen Dolden werden
  zerhackt verwendet
- im Sommer können auch die
  frischen Blätter und Stängel
  geschnitten werden
- Blüten und Pollen werden ebenfalls
  genutzt
- in günstigen Anbaugegenden auch
  Fenchelknollen als Gemüse oder
  Salat

GARTENKRESSE – *Lepidium sativum*

Anbau

- Gartenkresse ist von allen Küchen-kräutern am einfachsten zu ziehen
- Aussaat auf feuchtem Boden (nicht mit Erde bedecken, sondern nur andrücken, da Lichtkeimer), ins Freiland ganzjährig nach den Eisheiligen mit ständigen Folge-saaten an anderen Standorten flächig (besser sind Reihen von 10 cm) säen
- sehr gut ist ein humoser Boden, in den Kompost eingearbeitet wird
- bitte ständig feucht halten (ver-trägt aber keine stauende Nässe)
- gedeiht auch auf feuchtem Lösch-papier und in flachen, mit feuchtem Küchenkrepp ausgelegten Schalen
- Keimdauer 5 Tage
- liebt einen windgeschützten Standort mit Halbschatten

- wächst gut zusammen mit Radieschen, Rettich und grünem Salat
- Ernte der jungen Sprosse mit den Keimblättern schon nach 1 - 2 Wochen; man erntet durch Ab-schneiden mit einer Schere, wenn die Pflanzen ca. 6 cm hoch sind (meistens kann man zweimal ernten)
- man kann die Pflanze aber auch wachsen lassen, um die reifen Blätter zu ernten (werden schärfer, je älter die Pflanze ist)
- wächst nach der Ernte wieder nach
- auch in Töpfen, Blumenkästen und Schalen sehr gut zu ziehen (im Winter im Zimmer)
- da man sehr kleine Pflänzchen erntet, geht der Bedarf einer vierköpfigen Familie in die -zig

Geschmack

- frisch, pikant bis scharf
- auch bis bissig-pfeffrig
- erinnert an Radieschen und Rettich
- wird mit zunehmender Größe immer bitterer

Tipps:

Gartenkresse wirkt appetit-anregend und verdauungs-fördernd. Nur roh oder kurz vor dem Auftragen (ohne erhitzen) hinzutun !

Verwendung in der Küche

Bereitung von Speisen und Getränken

- für Kräuterbutter
- auf Butterbrot mit etwas Zitronensaft
- an Quark und Käsespeisen
- klein gehackte Kapuzinerkresse-Blätter an Weichkäse
- junge Pflanzen als Salatwürze,

besonders für grünen Salat
- sehr gut an Bratkartoffeln
- auch an Suppen; Gemüse- und Kräutersuppen
- an Kräuter- und Fricasseesoße
- zu den vielfältigsten Fischgerichten
- zu Krabben, Langusten und Krebsen
- zu Eierspeisen
- an Rohkostspeisen

Welche Pflanzenteile werden verwendet ?

- nach dem Ziehen in Saatschalen werden die Sämlinge gegessen
- später isst man die Blätter
- aber auch die scharfwürzigen Blüten sind sehr gut zu verwenden

HOPFEN – *Humulus lupulus*

Anbau

- Hopfen kommt wild in Gebüschen, Niederungen und lichten Wäldern vor, wird aber auch regional kultiviert
- Vermehrung nicht durch Samen, sondern durch Wurzelableger
- die Pflanze lässt sich leicht anbauen, sie bildet einen schönen Hintergrund oder Sichtschutz
- Anpflanzung in 1m Abstand mit Stützen
- Hopfen benötigt einen fruchtbaren, tief bearbeiteten Boden
- junge Schösslinge im Frühjahr schneiden, Blätter können jederzeit gepflückt werden, reife Blüten werden im Herbst geerntet
- ist nicht für Balkonkästen und Töpfe geeignet
- kann im Haus gezogen werden, blüht dort aber selten
- eine Pflanze reicht je Familie

Tipps:

Die weiblichen Blüten und die jungen Schösslinge lassen sich gut trocknen, sind aber in wenigen Monaten zu verbrauchen, weil der Geschmack unangenehm wird.

Regional hat Hopfen, in seinen Anbaugebieten, für die Küche schon eine Bedeutung. Außerhalb dieser kleinen Anbaugebiete spielt er kaum eine Rolle.

Geschmack

- leicht bitter

Verwendung in der Küche

Bereitung von Speisen und Getränken

- mit Butter und Sahne als Beilage zu Hauptgerichten
- auch zu Quarkspeisen
- blanchiert mit Öl und Zitronen- saft als Salat
- Zubereitung als Gemüse wie Spargel
- in Bierteig gebackene Hopfen- sprossen sind ein Genuss !
- im Pfannkuchen sehr schmackhaft !
- auch an Eierspeisen

Welche Pflanzenteile werden verwendet ?

- die weiblichen Blüten und
- die jungen Schösslinge (die ersten 5 cm), auch als Sprossen bezeichnet, sind in allen Hopfenanbaugebieten ein beliebtes Gemüse

KAPUZINERKRESSE – *Tropaeolum majus*

Anbau

- Direktaussaat erst nach den Eisheiligen in Reihen von 20 cm Abstand
- auf 10 cm vereinzeln
- Triebe ranken bis 3 m (die Pflanze ist ein schöner Bodendecker)
- etwas humoser, leichter sandiger Boden ist besonders geeignet
- Kapuzinerkresse ist recht anspruchslos (magerer Boden fördert die Blüten- und Samen-bildung)
- Stickstoffdünger fördert in erster Linie das Blattwachstum, ist aber in Maßen erforderlich
- gedeiht gut windgeschützt in voller Sonne, aber auch in lichtem Halbschatten
- muss im Sommer viel gegossen werden
- Kapuzinerkresse schützt die Nachbarpflanzen (besonders Gurken, Kartoffeln, Kohl, Kohlrabi und Stangenbohnen) vor allerlei Krankheiten
- außerdem zieht sie Schwebfliegen an, die auf Blattläuse Jagd machen
- laufend lassen sich frische Blätter (bis zum ersten Frost) ernten, Blüten so bald sie erscheinen
- ist nicht winterhart
- Kapuzinerkresse ist sehr gut ge-eignet für Balkonkästen und Töpfe und deshalb seit Jahrzehnten eine Zierde derselben
- wenn unsere Musterfamilie ihre Speisen gern dekoriert, so kann sie die Blüten von 10 - 20 Pflanzen verwenden

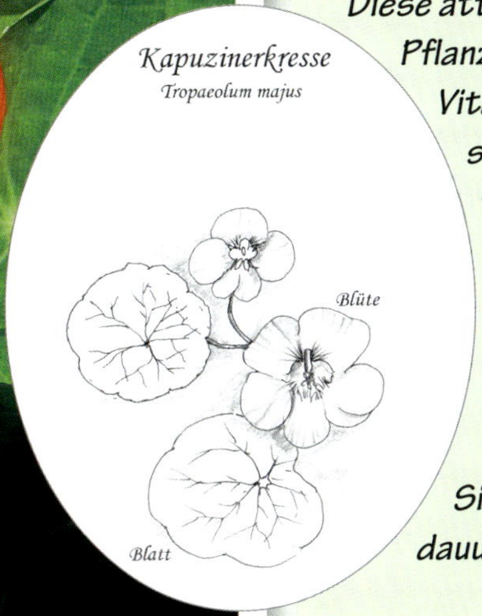

Kapuzinerkresse
Tropaeolum majus

Blüte

Blatt

Kapuzinerkresse ist ein Küchenkraut. Sie ist nicht mit der Gartenkresse verwandt !

Diese attraktive Pflanze mit hohem Vitamingehalt sollte möglichst frisch (wenn nicht in eingelegter Form) auf den Tisch kommen !

Sie wirkt verdauungsfördernd !

Verwendung in der Küche

Bereitung von Speisen und Getränken

- auf Butterbrot und in Quarkmischungen
- sehr schön zu Salaten und grünen Bohnen
- zu Kartoffelgerichten und Suppen
- Blüten werden sehr gern auch zur Dekoration von Bowlen und anderen Sommergetränken, aber auch zur Teezubereitung genommen
- sehr schön auch an Rohkostgerichten
- zur Bereitung von Essig
- gut zusammen mit Äpfeln, Apfelsinen, Mandarinen und Zitronen

Welche Pflanzenteile werden verwendet ?

- junge Sprosse, Blätter, Blüten und grüne Früchte (alles am besten frisch; alte Blätter schmecken ledrig)
- auch junge Samen (anstatt Meerrettich)

Geschmack

- würzig-scharf (wirkt erfrischend)
- angenehm pfeffrig
- Blüten etwas süßer und zarter

WARNUNG:

Beim Verzehr großer Mengen können Magenreizungen auftreten (am Tag nicht mehr als 30 g essen) !

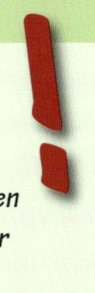

KERBEL – *Anthriscus cerefolium*

Anbau

- Aussaat von März bis August (Folgesaaten) ins Freibeet in Reihen von 15 cm Abstand
- Keimdauer 14 - 21 Tage
- auf 10 cm vereinzeln
- lässt sich nicht gut verpflanzen
- gedeiht auf jedem nicht zu feuchten Boden, liebt ihn jedoch leicht, gut drainiert und humos
- braucht viel Sonne im Frühling, später am besten Halbschatten, liebt keine trockene Hitze
- bei häufigem Befall von Raupen und Schnecken diese öfter ablesen
- Kerbel hält Ameisen und Blattläuse fern und steht deshalb neben verschiedenen Gemüsearten wie Bohnen, Kopfsalat, Radieschen und Rettich sehr gut

- kräftig zurückschneiden, damit die Pflanzen schön buschig werden
- nicht blühen lassen, denn dann verliert sich das Aroma
- Ernte nach 6 - 8 Wochen vor der Blüte (wenn die Pflanze 10 cm hoch ist)
- im Winter durch Folie oder Glas schützen
- Kerbel ist für den Topf und Balkonkasten gut geeignet; kann wie Gartenkresse das ganze Jahr über auf der Fensterbank gezogen werden
- der Familienbedarf liegt bei 4 - 9 Pflanzen

Geschmack

- stark aromatisches Kraut
- würzig-süß
- ähnelt der Petersilie, ist aber delikater
- schmeckt etwas nach Anis (ist aber milder) und nach Kümmel

Tipps:

Kerbel ist einer der Bestandteile von „Fines herbes". Kerbelblätter passen zu fast allen Gerichten (außer solchen, die mit Oregano, Rosmarin oder Thymian gewürzt werden). Erst kurz vor dem Servieren hinzutun (außer Stängeln, die in Suppen und Eintöpfen mitgekocht und wieder entnommen werden) !

Wenn in Deutschland, Frankreich und den Niederlanden Kerbel auf den Märkten zu haben ist und die ersten Kerbelsuppen gekocht werden, beginnt der Frühling !

Für jeden Hobby-Koch, der Interesse an der französischen Küche hat, ist Kerbel ein MUSS ! Kerbel ist in deutschen Gärten noch nicht sehr häufig anzutreffen, erhält jedoch zunehmend Bedeutung.

Kerbel
Anthriscus cerefolium

Blütenstand

Fruchtstand

Laub

Verwendung in der Küche

Bereitung von Speisen und Getränken

- als Kerbelbutter auf Butterbrot
- an Kräuterbutter zusammen mit Sellerieblättern (so auch zu Käse)
- an frische Sahne
- mit Schnittlauch an Quark
- köstlich zu grünen Salaten
- über Kartoffeln und an Kartoffelsuppe
- einzeln an Tomaten, aber auch mit Petersilie und Estragon an Tomatensalat
- auch über Erbsen streuen
- zu Suppen, besonders Gemüsesuppen
- gehackt mit Kalbsbrühe, Sahne und Ei als Kerbelsuppe
- für viele Soßen, u.a. für die grüne Kräutersoße, die Béchamel-Soße und Fischsoße
- auch für Buttersoße (zu Gemüse)
- an Braten, Kalb- und Lammfleisch
- zu Geflügel- und speziell zu Hühnergerichten
- auch zu Fisch, insbesondere Weißfisch
- zu Eierspeisen, hartgekochten Eiern, Rührei und salzigen Omelettes
- spielt in der französischen Küche eine große Rolle
- zur Herstellung eines feinen Essigs
- für Diätspeisen, Rohkostsalate und vegetarische Gerichte

Welche Pflanzenteile werden verwendet ?

- Blätter (sobald die Pflanze 10 cm groß ist) vor der Blüte (alte Blätter haben kein frisches Aroma mehr)
- aus dem jungen Grün kann man auch Saft auspressen und zum Würzen verwenden
- Blüten zum Garnieren

KNOBLAUCH – *Allium sativum*

Anbau

- im Reihenabstand von 15 cm werden einzelne Zehen im März / April wie Zwiebeln alle 10 cm 5 cm tief in den Boden gesteckt (Knoblauch wird nicht ausgesät)
- sehr gut geeignet für den Anbau ist ein nährstoffreicher, leichter Humusboden; mit Kompost kann man, wie generell im Kräutergarten, keinen Fehler machen; bitte keine Stickstoffdüngung vornehmen, da sich dann die Knollen schlecht lagern lassen
- liebt viel Sonne und warme geschützte Standorte
- möchte feuchte Erde (aber keine stauende Nässe) haben
- sehr gut geeignet für Mischkultur mit vielen Gemüsesorten
(z.B. Erdbeeren und Rote Beete)
- im Kräuterbeet wird er gut mit Kerbel und Ysop zusammen angebaut
- Knoblauchgrün kann ständig entnommen werden
- Ernte der Knollen im Juli-August (nach Absterben des Laubes), danach 3 - 4 Tage schattig trocknen
- ist winterhart
- für Topfbepflanzung geeignet
- gerade bei Knoblauch gehen die Ansichten weit auseinander; während eine Partei darauf schwört, lehnt die andere ihn voll ab; unsere Beispielfamilie verwendet ihn mittelhäufig und benötigt deshalb über das Jahr hinweg 10 - 20 Pflanzen

Tipps:

Es gibt kein salziges Gericht, zu dem Knoblauch nicht passt !

Knoblauch verbessert und verfeinert den Geschmack so vieler Gerichte, dass er auch für die feine Küche nahezu unentbehrlich geworden ist !

Er entfaltet erst sein volles Aroma, wenn man ihn mit einem Messer klein hackt oder ihn durch eine Knoblauchpresse drückt. Gekocht oder in Öl angebraten verliert er an Schärfe.

Man kann ihn auch mit gutem Erfolg blanchieren, dünsten und pürieren. Er passt zu den meisten Küchenkräutern und Gewürzen.

Stets nur in kleinsten Mengen verwenden !

Verwendung in der Küche

Bereitung von Speisen und Getränken

- frisch aufs Butterbrot und an Joghurtspeisen
- für Knoblauchbutter und Quarkgerichte
- zu Käsefondue
- zu allen Salaten (es reicht schon, die Schüssel mit einer Zehe auszureiben)
- zu verschiedenen Kartoffel- gerichten (z.B. im ganzen gebratener Knoblauch als Beilage zu neuen Kartoffeln)
- an Gemüse, zusammen mit Kümmel an Hülsenfrüchte
- gern auch in Suppen (z.B. Fischsuppe, Kartoffelsuppe), und Eintöpfe
- an Bratensoße (wieder herausnehmen, wenn sie fertig ist), aber auch speziell an Fischsoßen
- zu allen fetten Fleischgerichten, besonders aber zu Schaschlik und Gulasch, Schweinebraten, Lamm, Hammel, Kalb und Wild, auch zu Geflügel
- sehr gut für Dauerwurst
- zu Fisch und Fischsalaten sowie zu Schalentieren
- an Gemüsesäfte
- ist aus der ungarischen, griechischen, italienischen und spanischen, aber auch der südostasiatischen, indischen und nordamerikanischen Küche nicht wegzudenken
- zu Pilzgerichten
- zum Einlegen von Gurken
- auch für Rohkost
- an Aufläufe

Welche Pflanzenteile werden verwendet ?

- hauptsächlich wird die Zehe verwendet
- die Zehen werden auch ausgepresst, um nur den Saft zu verwenden
- in geringerem Maße wird Knoblauchgrün wie Schnittlauch benutzt

Geschmack

- das Knoblaucharoma variiert je nach Klima und Boden stark
- in der Regel hat er einen aufdringlichen, brennenden Geschmack
- kleine Sorten sind meist beißend scharf
- manche größeren Sorten sind mild, leicht süßlich und nussig

Knoblauch
Allium sativum

Blütenstand offen

Blütenstand geschlossen

Blüte, Detail

Knolle (Zwiebel)

Laub

KORIANDER – *Coriandrum sativum*

Anbau

- Aussaat direkt ab April 1 - 2 cm tief (für die Blattnutzung sind Folgesaaten notwendig)
- Keimdauer 14 - 21 Tage
- wenn man Blätter ernten möchte, dann auf nur 5 x 5 cm vereinzeln; wenn man auf Samen aus ist, sollte der Abstand 25 x 25 cm betragen
- lässt sich auch gut durch Wurzelteilung vermehren
- Koriander sollte wegen seines zarten Wuchses in Gruppen gepflanzt werden, um fülliger zu wirken
- braucht leichten, lockeren und nährstoffreichen, leicht kalkhaltigen Boden
- liebt die Sonne und warme, windgeschützte Lagen (für rauhes Klima nicht geeignet); wenn man Koriander nur wegen der Blätter anbaut, sollte man Halbschatten wählen
- der Boden sollte gut wasserdurchlässig sein, aber man muss im Sommer reichlich gießen (nicht auf die Blüten)
- nicht mit Fenchel zusammen anbauen, dagegen keimt und wächst Anis in seiner Nähe besser
- junge Triebe und Blätter können jederzeit entnommen werden (auch zum Trocknen)
- ab August an bedeckten Tagen die Fruchtstände ernten, um die noch nicht voll reifen Samen zu gewinnen
- ist nur mäßig winterhart
- nicht für die Haltung im Haus geeignet (frisches Kraut riecht unangenehm: „Wanzenkraut")
- eine Familie benötigt 2 - 3 Korianderpflanzen

Koriander
Coriandrum sativum

Fruchtstand

Blütenstand

Samen

Pflanze

Blatt

Geschmack

Blätter und Samen haben ein unterschiedliches Aroma.

Die Samen schmecken
- süß-aromatisch (erinnern an Orangenschale)
- zuweilen auch süß-pfeffrig bis schwach brennend
- frisch (etwas frischer als Kümmel).

Die Blätter haben
- ein erdiges bis beißendes Aroma.

Verwendung in der Küche

Bereitung von Speisen und Getränken

- wird gern zusammen mit Knoblauch zum Würzen genommen
- junge Triebspitzen an Salate
- ganze Körner an Gemüse, besonders an Bohnen, Erbsen, Linsen sowie an Weiß- und Wirsingkohlgerichte und Sauerkraut sowie Rote Beete und Möhren
- Koriandergrün passt besonders gut zu grünen Peperoni
- eine köstliche Kombination sind Koriander (in Blattform) und Tomaten
- passt sehr gut zu Suppen (Eintopf, Wildsuppe)
- als Soßenwürze
- an Schweinebraten, Lamm- und Kalbfleisch, Gulasch und Pasteten
- auch zur Wurstherstellung (zusammen mit Anis, Fenchel und Kümmel)
- zu Fisch
- wird zur Herstellung von Wermut und bitteren Kräuterlikören verwendet
- ist typisch für die asiatische Küche (besonders für Malaysia, Indien, Indonesien, Japan und China)
- wird aber auch in Nordeuropa, Russland, Ungarn, Amerika sowie der arabischen Küche häufig verwendet
- an Füllungen
- zum Herstellen von Marinaden / Vinaigrettes und zur Verfeinerung von Essig
- dient zum Einlegen von Gurken und Roter Beete
- auch zur Marmeladenherstellung und an Apfelmus
- für Diät und Rohkost
- auch für Brot, Lebkuchen und anderes Weihnachtsgebäck wie Printen und Spekulatius
- mit 1 - 2 zerstoßenen Korianderkörnern lässt sich der Geschmack von Kaffee verbessern

Welche Pflanzenteile werden verwendet ?

- hauptsächlich Samen (gemahlener Koriander ist ein Grundbestandteil von Currymischungen und Chutneys)
- Blätter und junge Triebspitzen
- seltener werden auch die Wurzeln verwendet (zum Kochen von Brühe)

KÜMMEL – *Carum carvi*

Anbau

- Kümmel gibt es auch wild auf Wiesen und an Wegrändern, er wird aber in Deutschland kaum gesammelt
- Aussaat im März-April oder im Spätsommer flach ins Freiland (Lichtkeimer)
- keimt in 14 - 21 Tagen (für die Blattnutzung Folge-saaten vornehmen !)
- Reihenabstand: 20 cm; ausdünnen auf 15 cm (möglichst nicht umpflanzen)
- liebt nährstoffreichen, kalk-haltigen, sandigen Boden

- er möchte einen sonnigen bis halbschattigen geschützten Standort haben
- der Boden sollte ständig feucht (aber nicht nass) gehalten werden
- die Blüten ziehen Schlupfwespen an, welche Insekten bekämpfen
- verträgt sich beim Anbau schlecht mit Fenchel, sehr gut jedoch mit Estragon, Petersilie und Pimpinelle
- Blätter und Blüten können schon im ersten Jahr laufend geerntet werden

- Ernte der Samen im zweiten Jahr bevor die Blätter vergilben und die Früchte ganz reif sind (auf Papier trocknen), abschneiden der Mitteldolden in den feuchten Morgenstunden (damit die Samen nicht ausfallen)
- Winterschutz ist nur in strengen Wintern notwendig
- Kümmel ist nur bedingt für den Anbau in Balkonkästen und Töpfen geeignet
- eine vierköpfige Familie kommt in der Regel mit 2 - 3 Pflanzen aus

Kümmel
Carum carvi

Blütenstand

Fruchtstand

Samen

Verwendung in der Küche

Bereitung von Speisen und Getränken

- Blätter an Kräuterbutter
- Blätter sind auch sehr pikant zu Quark, Joghurt und Käse
- Blätter und Blüten an Salate, wie z.B. Selleriesalat
- sehr gut zu neuen Kartoffeln, Brat- und Blechkartoffeln (auf Öl und Kümmel ausbacken !)
- vielfältig an Gemüse, besonders Tomaten, Möhren, Kohl, Blumenkohl, Bayrisch Kraut, Sauerkraut und Rote Rüben; zusammen mit Knoblauch an Hülsenfrüchte
- die Wurzeln können als Gemüse wie Möhren gekocht und mit einer Petersiliensoße serviert werden
- zu Suppen (speziell Eintöpfe) und Soßen
- frische Blätter sind für die Kümmelsuppe erforderlich
- zu fetten Fleischgerichten, wie Gänsebraten, Schweine-fleisch, Hammel, aber auch zu Ragout, Gulasch und Leber
- wird auch zur Wurstherstellung benötigt
- zu Kochfisch
- wird zur Herstellung von Aquavit, Kümmelschnaps und Magenlikören, aber auch des berühmten Danziger Goldwassers benutzt

- Kümmel ist typisch für die europäische, chinesische und malaiische Küche
- an Pilzgerichte und -suppen
- zu Fischboullion
- auch zur Herstellung von Kräuteressig
- frische Blätter zu Rohkostplatten
- Bratäpfel werden mit Kümmel serviert
- auch an würziges Brot (speziell Pumpernickel) und Brötchen, Kekse und andere spezielle Backwaren
- an Aufläufe

Welche Pflanzenteile werden verwendet ?

- Blätter können ständig geerntet werden (frisch verwenden)
- Samen erst im Juni / Juli des zweiten Jahres (gemahlen ist die Würzkraft höher)
- Wurzeln auch erst im zweiten Jahr (frisch verwenden)

Geschmack

- Samen haben einen kräftig-würzigen bis süßlich-scharfen, von angenehm brennend bis beißenden Geschmack
- junge Blätter dagegen besitzen ein mildes Aroma (liegt etwa zwischen Dill und Petersilie)

Tipps:

Kümmel ist ein vielseitiges, die Verdauung förderndes Küchenkraut.

Er ist aber auch ein typisch deutsches Gewürz. Deutschland und Österreich sind die größten Kümmel-verbraucher der Welt. In Deutschland dominiert die Verwendung der getrock-neten Samen. Sie werden häufig kurz vor dem Ge-brauch gehackt oder zu Pulver gemahlen.

LAVENDEL – *Lavandula angustifolia*

Anbau

- Anzucht aus Samen ist problematisch, am besten aus 10 - 20 cm langen Stecklingen oder durch Wurzelteilung ziehen
- Abstand der Pflanzen mindestens 30 cm voneinander
- bevorzugt schwach sauren bis stark kalkhaltigen, gedeiht aber in jedem Boden
- liebt jedoch keine schweren Böden, weshalb bei diesen eine Beimengung von 1/3 Sand günstig ist
- benötigt nur geringen bis mittleren Humusgehalt; am besten auch 2x im Jahr mit Depotdünger düngen
- braucht viel Sonne
- der Boden sollte mitteltrocken sein
- im Frühjahr zurückschneiden, damit die Pflanze dicht und kräftig wird
- im Winter abdecken, da nur mäßig winterhart
- Pflanzen alle 3 - 4 Jahre ersetzen
- Blätter können jederzeit geerntet werden
- ernten der blühenden Spitzen sobald sich die ersten Blüten öffnen
- Lavendel lässt sich nicht gut im Balkonkasten ziehen, erfolgreicher ist da der Anbau in einem großen Kübel
- eine vierköpfige Familie kommt mit 2 - 3 Pflanzen aus

Geschmack

- süßlich-herb bis herb-bitter (erinnert an Rosmarin)

Tipps:

Sparsam verwenden !

Lavendel in kleinen Bündeln trocknen und abfallende Blüten auffangen.

Verwendung in der Küche

Bereitung von Speisen und Getränken

- zu Eintöpfen
- würzt Soßen sehr pikant (z.B. Fisch- und Kräutersoße)
- zu Hammelfleisch und Wild
- auch gut zu Gegrilltem
- an Fischgerichte und Fischsuppen
- für Tee
- bedeutsam für die französische Küche
- für Marinaden/Vinaigrettes
- für Lavendelessig
- zum Aromatisieren von Wein
- frische Blüten zur Verfeinerung von Eiscreme
- zum Würzen von Konfitüre
- Blüten werden zum Garnieren von Torten und Süßspeisen kandiert

Welche Pflanzenteile werden verwendet ?

- nur junge Blattspitzen sparsam dosiert verwenden
- Blütenblätter

LIEBSTÖCKEL – *Levisticum officinale*

Anbau

- Aussaat ab März ins Frühbeet
- Keimdauer 14 - 21 Tage
- auf 50 x 50 cm auspflanzen
- einfacher ist die Teilung alter Wurzelstöcke (es muss ein eigener Trieb bzw. eine eigene Knospe da sein)
- benötigt einen tiefgründigen, humosen, gut gedüngten Boden
- wächst gut in der Sonne und im Halbschatten
- möchte immer feucht gehalten werden

- Blütentriebe entfernen, da sie unnötig Aroma aus dem Laub ziehen
- am besten eine eigene Ecke im Garten geben, da Liebstöckel sich stark ausbreitet
- das üppige Laub mit den hohen Stängeln friert im Winter ab und die Pflanze treibt im Frühjahr wieder aus
- Pflanze ist winterfest (trotzdem sollte man anhäufeln) und bleibt jahrzehntelang erhalten
- Blätter kann man jederzeit ernten

- (aber stets die Herzblätter stehen lassen)
- die Samen sollen reif geerntet werden
- Wurzeln erst ab dem zweiten Jahr, bevor die Pflanze blüht, ernten
- im Topf und im Blumenkasten kann man nur einjährige Pflanzen halten (später wird der Topf zu klein)
- eine Pflanze reicht für die ganze Familie

Verwendung in der Küche

Bereitung von Speisen und Getränken

- an Kräuterbutter
- zu Käse
- zu Salat, besonders zu grünem Salat, Tomaten- und Paprikasalat
- Kartoffeln mit Liebstöckel gekocht oder in Folie gegart
- Samen auf Kartoffelbrei streuen
- als Gemüse (junge Blätter und Stiele), am besten mit Holländischer Soße
- zum Würzen von Gemüsegerichten
- bestens geeignet für kräftige Suppen (Liebstöckelsuppe, Gemüsesuppe, rustikaler Eintopf)

- an alle Soßen (besonders Béchamelsoße und dunkle Bratensoßen)
- zu Geflügel, Hammel, Rind- und anderem Fleisch sowie Hackfleisch
- zu Fischgerichten
- an Eierspeisen (Omelettes)
- zu würzigem Tee
- für Fleischfüllungen und Pasteten
- zu vielen Fisch-, Fleisch- und Gemüsebrühen
- an Kräutermarinaden und ganz besonders zur Bereitung von Dipps
- für Schonkost und Diät
- an Rohkostsalate
- gemahlene Samen für Brot und Gebäck

Welche Pflanzenteile werden verwendet ?

- alle Pflanzenteile werden verwendet
- Wurzeln als Gemüse
- Blätter und Stängel blanchieren und mit weißer Soße servieren
- roh zu Salat
- Stängel kandieren wie Angelika
- Samen (sehr geschmacksintensiv) auf Butter- und Käsebrot streuen
- Samen werden zur Likörherstellung benutzt
- Samen zerdrücken und an Reis und Kartoffelbrei sowie in Brot und Kuchen geben

Geschmack

- kräftig-würzig
- sellerieähnlicher Geschmack (jedoch herber)
- schmeckt nach dem Suppengewürz Maggi
- auch als Mischgeschmack von Anis, Hefe, Moschus, Sellerie und Zitrone beschrieben
- der Geschmack ist durchdringend und unverwechselbar

Tipps:

Liebstöckel wird mitgekocht, sollte aber sparsam verwendet werden. Er ist ein guter Salz-Ersatz bei Diäten und Schonkost.

Die Blätter am besten tiefgefrieren, da sie beim Trocknen viel Geschmack verlieren.
Samen und Wurzeln werden getrocknet und in gut verschlossenem Behälter aufbewahrt.

WARNUNG:

In der Schwangerschaft sollte auf den Verzehr von Liebstöckel verzichtet werden !

LORBEER – *Laurus nobilis*

Anbau

- das Bäumchen wird Ende März oder im späten Sept. gepflanzt
- Vermehrung durch 10 cm lange Stecklinge oder Ableger
- möchte ein Erdgemisch aus guter Gartenerde mit reichlich Humus und viel Dünger, sowie 1/3 Sand haben
- sollte hin und wieder gedüngt werden
- gedeiht in der Sonne (besser), aber auch im Schatten
- sollte windgeschützt stehen
- benötigt regelm. Wasser (feucht halten), mag aber keine Staunässe
- sollte im Herbst zurückgeschnitten werden (Formschnitt), damit er im Frühjahr reich verzweigt und buschig wird (es darf aber nur 1/3 der Triebe zurückgeschnitten werden)
- übersteht den Winter im Freiland meistens nicht (kann aber in einem trockenen, hellen und kühlen Keller gut überwintern); bei ausgewachsenen Pflanzen sind die Wurzeln winterfest, aber die Blätter sterben im kalten Wind ab
- die Blätter (am besten junge) können jederzeit geerntet werden (für das Trocknen im Herbst schneiden)
- Lorbeerbäume werden 50 Jahre und älter
- sehr gut geeignet für Kübel, große Töpfe und Balkonkästen (kann jahrelang darin bleiben)
- eine Pflanze reicht für eine Familie

Geschmack

- balsamisch-würzig (erinnert an Muskat und Kampfer)
- frische Säure
- leicht bitter (lässt bei Aufbewahrung nach)

Tipps:

Lorbeer ist sowohl frisch als auch getrocknet (vorsichtig) zu verwenden. Er ist ein fester Bestandteil des „Bouquet garni". Blätter lange mitkochen und vor dem Servieren entfernen!

Würzregel: 1/2 Lorbeerblatt, 2 Pimentkörner und 4 Pfefferkörner für 1 kg Fleisch oder 1/2 l Fleischbrühe

Verwendung in der Küche

Bereitung von Speisen und Getränken

passt fast zu allem:
- zu Gemüse, an Sauerkraut,
- zu Oliven
- zu Suppen (Kartoffelsuppe, Eintopf)
- zu Soßen (macht Mehlsoßen pikanter)
- an Fleischgerichte, besonders an Fleischsülze, Braten, Ragout, Gulasch sowie Rinderbraten und Wild
- zu gedünstetem Fisch
- in Füllungen
- zu Bouillon
- zu Marinaden
- zur Herstellung von Kräuteressig
- Einlegen von Gurken und Essiggemüse
- auch in Milch mitkochen für würzige Cremes oder Pudding
- stets ein Lorbeerblatt im Fischsud mitkochen

Welche Pflanzenteile werden verwendet?

- Blätter

MAJORAN – *Origanum majorana*

Anbau

- Aussaat im April ins Frühbeet (breitwürfig säen und mit Sand übersieben)
- Keimdauer 17 - 24 Tage (Lichtkeimer)
- ab Mitte Mai je 2 - 3 Stück zusammen auf 10 x 15 cm auspflanzen
- kann aber auch durch Stecklinge (aus Stängeln und Wurzeln) von Mai bis August oder durch Teilung vermehrt werden
- braucht einen nährstoffreichen, lockeren, neutralen bis kalkhaltigen Boden (Majoran bekommt in reichhaltigem Boden einen intensiveren Geschmack); Kompost ist der ideale Untergrund

- benötigt einen geschützten, sehr sonnigen Platz
- hat Bodenfeuchtigkeit gern; wenn er angewachsen ist, macht ihm aber Trockenheit nichts mehr aus
- nicht zusammen mit Estragon, Minze, Rosmarin und Salbei anbauen
- Majoran wirkt sich günstig auf Wuchs und Gesundheit von Möhren und Zwiebeln aus
- vor dem Winter auf 1/3 zurückschneiden
- ist stark frostempfindlich, deshalb abdecken
- am besten im Haus überwintern lassen

- junge Blätter und Blüten können jederzeit geerntet werden
- in günstigen Sommern lassen sich drei Ernten einbringen
- die Haupternte erst kurz vor der Blüte am Ende des Sommers (das Laub wird am besten von den Stängeln befreit)
- Pflanzenbündel (aus ganzen Trieben) werden zum Trocknen im Schatten aufgehängt; danach die Blätter von den Stängeln entfernen und nochmals nachtrocknen
- lässt sich gut im Balkonkasten und in großen Töpfen ziehen
- für eine Familie reichen 2 - 3 Pflanzen

Geschmack

- ist süßlich-herb, würzig und dabei trotzdem mild (süßer als Oregano)
- ist dem Thymian verwandt (viel süßer als dieser)

Kerbel
Anthriscus cerefolium

Blütenstand

Fruchtstand

Laub

Verwendung in der Küche

Bereitung von Speisen und Getränken

- sehr gut zu überbackenem Käse auf Toast, Käsesalat und Käsegebäck
- Blätter feingehackt für Salate
- an alle Fisch-, Fleisch- und Wurstsalate
- verfeinert Kartoffeln: Bratkartoffeln, Kartoffelsalat, Kartoffelsuppe und Kartoffelklöße
- sehr gut zu Spinat, Möhren, Erbsen, Bohnengemüse und zu gefülltem Paprika
- zum Würzen von Kürbisgemüse
- an alle Tomatengerichte (Tomatensuppe)
- für fast alle Suppen, besonders gut zu Eintopf und Hülsenfrüchten wie Erbsen, Bohnen und Linsen

(ist Bestandteil der Hamburger Aalsuppe)
- an Soßen (besonders Butter-soßen, saure Sahnesoße)
- an Enten- und Gänsebraten
- an Schweinebraten, Kaninchen, Hammel, Lamm und alle anderen Fleischgerichte
- sehr gut zu allen Hackfleisch-gerichten und Leberknödeln
- ist das klassische „Wurstkraut", kann aber auch gut zu Pasteten gegeben werden
- zu Fisch
- feingehackt, zusammen mit Zitronensaft, sehr gut zum Anmachen von Anchovis
- für einen aromatischen Tee
- zum Auslassen von Schweineschmalz und Gänsefett

- bereichert die Füllungen von Gans und Ente
- für die Kräuteressigherstellung
- gut geeignet für Rohkost, vegetarischen Brotaufstrich und Diätgerichte
- auch an Auflauf, Knödel und Pizza

Welche Pflanzenteile werden verwendet ?

- frische und getrocknete Blätter und Stiele (behalten ihren Geschmack gut)
- Blüten
- die Samen würzen Zuckerwaren

Tipps:

Majoran ist eines der wichtigsten Küchen-kräuter, weil es äußerst vielseitig verwendbar ist.

Er lässt sich allen Gerich-ten zusetzen, die auch mit Thymian gewürzt werden.

Majoran ersetzt in der Diätküche das Salz.

Bitte erst am Ende des Kochprozesses und dann recht sparsam zufügen, da Majoran sehr dominant ist.

Frischer Majoran wird nicht mitgekocht, getrockneten muss man mitkochen, um eine Geschmackswirkung zu erzielen.

Zur Haltbarmachung sollten die getrockneten Blätter und blühenden Spitzen in verschlossenen Gläsern oder Dosen aufbewahrt werden.

Majoran ist auch sehr gut zum Tieffrieren geeignet. Er kann auch in Öl oder Essig eingelegt werden.

MEERRETTICH – *Armoracia rusticana*

Anbau

- Vermehrung nur durch Pflanzenteilung oder Stecklinge
- am besten im Februar - März Wurzelstecklinge von mindestens 12 mm Durchmesser und 20 cm Länge mit nur einem Trieb oder einer Knospe (auch als „Fechser" bezeichnet), in 15 - 20 cm Tiefe mit Abständen von mindestens 30 cm in der Reihe (mit 80 cm Seitenabstand) in leichte Schräglage stecken (so dass der obere Teil mit dem Erdboden abschließt)
- um schöne glatte Wurzeln (auch „Stangen" genannt) zu erzielen, sollte man die Fechser etwa Mitte Juli, nach kräftigem Laubaustrieb, im oberen Drittel freilegen und mit einem scharfen Messer alle nachgewachsenen Nebentriebe abschneiden, bzw. mit einem groben Tuch alle Nebenwürzelchen wegreiben; danach wieder mit Erde bedecken und gut wässern (dadurch erhält man eine einzige starke Wurzel pro Pflanze)
- für gutes Wachstum sind tiefe, nährstoffreiche (im Herbst vorher viel Kompost geben), kalkhaltige Böden aus lehmigem Sand (im Sommer Flüssigdünger geben) besonders geeignet; einzelne Autoren empfehlen jedoch den Anbau ausschließlich in lockerem Boden, um die Wurzeln restlos ernten zu können
- ihm reicht Halbschatten, aber auch eine voll schattige Lage völlig aus
- möchte zwar einen feuchten Boden, aber Nässe verträgt er nicht
- gilt als Schutz vor Kartoffelkäfern
- Meerrettich braucht viel Platz; er sollte so gesetzt werden, dass er die anderen Kräuter nicht erdrücken kann (man hilft sich häufig wie bei Minze dadurch, dass man ihn in einen Topf ohne Boden oder in aufrecht stehende Drainagerohre setzt)
- bei Bedarf wird die Wurzel ausgegraben und geschält (am besten, wenn das Laub zu welken beginnt); sie soll bei kaltem Wetter besser schmecken, deshalb empfiehlt sich das Ausgraben im Winter
- bei strengen Wintern sollte die ganze Pflanze im Keller in feuchtem Sand überwintern
- man sollte stets nach 2 - 3 Jahren neu pflanzen, da sonst die Qualität nachlässt
- Meerrettich ist nicht für die Bepflanzung von Balkonkästen und Töpfen geeignet
- eine Familie benötigt 4 - 9 Pflanzen

Tipps:

Meerrettich wird am besten frisch geschält und gerieben verwendet. Frisch gerieben behält er seine Farbe, wenn er mit Zitronensaft beträufelt wird.

Seine Schärfe wird häufig durch die Zugabe von Sahne (Sahnemeerrettich) oder geraspeltem Apfel (Apfelmeerrettich) gemildert.

*Nicht mitkochen !
Das die Schärfe bewirkende Enzym wird beim Kochen zerstört.*

*Ganze Wurzeln halten sich in feuchtem Sand lange frisch.
Frisch geriebene Wurzeln lassen sich gut tiefgefrieren, man kann sie auch in Essig aufbewahren.
Hin und wieder werden sie auch gemahlen und getrocknet aufbewahrt.*

Verwendung in der Küche

Bereitung von Speisen und Getränken

- für pikant abgeschmeckten Quark, Joghurt und Majonäse, aber auch Meerrettichbutter
- sehr pikant auch in Kartoffelsalat
- passt gut zu Gemüse wie Gurken und Rüben
- zu Suppen, insbesondere Eintöpfen
- vor allem für (ungekochte) Soßen (in gekochten Soßen lässt der Geschmack nach); die auf der ganzen Welt bekannte Meerrettich-soße ist eine Köstlichkeit, beste-hend aus geriebener Meerrettich-wurzel, Zitronensaft und Sahne
- mit Essig oder Zitronensaft zu geräuchertem Speck, Schinken und kaltem Braten
- traditionell an Roastbeef und geräuchertes Fleisch sowie zu Rinderzunge
- ferner an fast alle Fleischgerichte, vor allem an gekochte und solche vom Rind (Tafelspitz)
- auch als Beilage zu Wurst, besonders gern auch zu Würstchen
- sehr gut zu gekochtem Fisch (Hecht, Heilbutt, Karpfen, Lachs), aber auch zu Räucherfisch (Forelle, Bückling), Fischsalat und Meeresfrüchten
- zum Würzen von Eierspeisen
- Meerrettich hat nach wie vor Bedeutung für die englische Küche, wird aber auch in Skandinavien, Nordfrankreich und den USA viel verwendet
- frische in Scheiben geschnittene Meerrettichwurzeln benutzt man zum Einlegen von Gurken, Kürbis und Mixed Pickles aber auch von Hering
- auch an Rohkostgerichte

Welche Pflanzenteile werden verwendet ?

- vom Meerrettich werden die Wurzeln frisch im Ganzen oder auch gerieben aufbewahrt
- junge Blätter schmecken ähnlich wie die Wurzel, sind jedoch milder; man nimmt sie zu (grünen) Salaten, aber auch auf das Butterbrot

Geschmack

- süßlich-scharf bis brennend-scharf

WARNUNG:

Wer an Schild-drüsenunter-funktion leidet, sollte keinen Meer-rettich essen; wer Nieren-probleme hat, sollte ihn ebenso wie Schwangere nicht regelmäßig zu sich nehmen !

Meerrettich
Armoracia rusticana

Blütenstand

Pflanze

Wurzelknolle

MINZE – *Mentha species (piperita)*

Minze, Pfefferminze

Mentha piperita

frischer Trieb

Blütenstand

Anbau

- Minzen vermehren sich durch Wurzelausläufer
- Wurzelstücke werden nach dem letzten Frost im Abstand von 10 cm ausgelegt
- alle 3 Jahre sollten die Wurzeln erneut geteilt und umgepflanzt werden
- auf 30 x 30 cm umpflanzen
- der Boden sollte leicht alkalisch bis neutral und nährstoffreich sein
- alle Minzen lieben Feuchtigkeit und sonnige bis halbschattige Lagen
- bitte die Blütenstängel entfernen, um unerwünschte Kreuzungen zu vermeiden
- wenn Rost auftritt, muss die Pflanze ausgegraben und verbrannt werden
- am besten eine eigene Ecke geben, da alle Minzen sich stark ausbreiten (in ein hochkant gestelltes Dränagerohr pflanzen)
- ist winterhart
- Blätter vor der Blüte ernten, sonst verlieren sie das Aroma
- sehr schöne Rabattenpflanzen, aber auch ideal für Balkonkasten und Blumentopf mit humusreicher Erde
- zwei bis drei Pflanzen reichen für eine vierköpfige Familie

Geschmack

der Geschmack fällt sehr unterschiedlich aus – je nach Boden und Klima:
- in der Regel kühles, süßlichscharfes und leicht pfeffriges Aroma mit leicht zitronigem Anklang
- die Pfefferminze ist beißend scharf, aber gleichzeitig auch süß, herb und würzig

Tipps:

Ein feines Minzöl ist besser als die frische Pflanze! Jeder Freund der englischen Küche sollte Minze in seinem Garten anbauen.

Verwendung in der Küche

Bereitung von Speisen und Getränken
- zur Herstellung von Minzbutter
- gut zu neuen Kartoffeln
- zu Gemüse wie grünen Erbsen, Bohnen, Linsen, Gurken, Tomaten, Möhren und Auberginen köstlich
- als Minzsoße zu Lamm und Hammel
- passt auch gut zu Ente mit Orangen
- in der englischen Küche sind Minzen eine Sommerwürze
- besonders wichtig für die türkische und die asiatische, speziell die vietnamesische Küche
- zu Pilzgerichten
- an Marinaden, zu Dipps und zur Essigherstellung
- Pfefferminze wird zur Herstellung verschiedenster Pfefferminzliköre verwendet; für Pfefferminzöl (zu Pfefferminzcreme und Süßspeisen) und Pfefferminzgelee, sie wird auch zur Süßwaren- und Bonbonherstellung verwendet
- in Deutschland ist der Pfefferminztee sehr bekannt
- Minz-Kräuterwein (aus getrocknetem Kraut)
- Minzen passen zu vielen Früchten, etwa zu Äpfeln und Stachelbeeren
- auch lecker an Sorbets und Obstsalate
- passt sehr gut zu Eisbechern und zu eisgekühlten (Frucht-)Getränken mit und ohne Alkohol

Welche Pflanzenteile werden verwendet?
- frische und getrocknete Blätter
- Blüten für Salate und Garnituren

OREGANO – *Oreganum vulgare*

Oregano

Origanum vulgare

Zweig mit
Blütenstand

junge Triebspitze

Anbau

- Aussaat ab April in Reihen
  von 25 cm Abstand
  (Lichtkeimer)
- später auf 20 cm vereinzeln
- einfacher ist die Pflanzenteilung
  (Frühjahr oder Herbst) oder die
  Vermehrung durch Stecklinge
- liebt basenreichen, humosen
  Boden; dieser soll ziemlich
  trocken und durchlässig gehalten
  werden
- volle Sonne verstärkt das Aroma
- ist winterhart, kann aber in
  sehr rauhen Lagen ein Abdecken
  gut vertragen
- die ganze Pflanze wird zu Beginn
  der Blüte an einem sonnigen
  Tag ca. 5 cm über dem Boden
  geschnitten
- sehr gut geeignet für tiefe,
  breite Blumenkästen und -töpfe
  mit lockerer Erde
  (1/3 Sand untermischen)
- zwei bis drei Pflanzen reichen
  für eine Familie aus

Geschmack

- angenehm scharf und bitter
- pfeffrig und etwas beißend
- herb-würzig mit einem zitronen-
  artigen Nachgeschmack
- das Aroma ist ähnlich,
  aber feiner als das von Majoran

Tipps:

*Oregano wird mitgekocht
und meist getrocknet ver-
wendet. Man nimmt ihn für
kräftig würzige Speisen.*

*Gern wird er mit Majoran
oder Knoblauch gemischt.
Er ist die klassische
Pizzawürze.*

*Oregano ist fester Teil
des „Bouquet garni".*

*Kein Liebhaber der italieni-
schen Küche kann auf
Oregano verzichten.*

Verwendung in der Küche

Bereitung von
Speisen und Getränken

- zu Käsespeisen
- an grüne und gemischte Salate
- sehr gut zu verwenden für
  Gemüsegerichte aus Tomaten,
  Bohnen, Möhren, Auberginen,
  Gurken und Zucchini
- an Suppen (Kartoffelsuppe)
- zu Soßen (besonders zu
  Spaghettisoße, Tomatensoße)
- macht Fleischgerichte (besonders
  Gulasch, Kalb und Lamm) pikant
- zur Wurstherstellung (Leberwurst)
- passt auch sehr gut zu Fisch und
  Muscheln

- zu Eierspeisen
- typisch für die italienische Küche
- für alle mediterranen Gerichte
- zum Auslassen von Fett, für
  Gänseschmalz mit Zwiebeln
  und Äpfeln
- an Rohkost
- an Pizza
- auch an Aufläufe und Nudel-
  gerichte

Welche Pflanzenteile
werden verwendet ?

- Blätter und junge Triebe
- Blüten(knospen)
- Stängel

PETERSILIE –

Petroselinum crispum (krause Petersilie)
Petroselinum sativum (glattblättrige Petersilie)
Petroselinum tuberosum (Wurzelpetersilie)

Anbau

- Aussaat ab Februar ins Freibeet in 25 cm Reihenabstand
- Keimdauer ca. 18 - 28 Tage
- auf 5 cm verziehen (eine Pflanze soll die andere nicht berühren)
- am besten jedes Jahr neu säen, da die Blütentriebe des zweiten Jahres die Würzkraft mindern
- wächst in jedem Boden, liebt aber einen gut bearbeiteten Gartenboden mit viel Humus und 1/3 Sand
- leicht alkalischer, nährstoffreicher aber nicht frisch gedüngter Boden bringt gute Ernten
- Wurzelpetersilie braucht tiefgelockerten Boden
- steht gern im Halbschatten, aber auch in voller Sonne
- braucht feuchte bis mittelfeuchte (keine nasse) leichte Erde; deshalb mäßig gießen
- man sollte Petersilie nur an wechselnden Standorten anbauen, da sie mit sich selbst nicht verträglich ist
- außerdem wird sie leicht von Schädlingen (Nematoden) befallen, wenn sie zweimal nacheinander an der gleichen Stelle steht
- nicht zusammen mit Estragon, Minze, Rosmarin, Salbei und Salat anbauen
- sie steht gut neben Radieschen, Spargel, Tomaten, Zwiebeln und Rettich
- Petersilie ist winterhart, aber bei Frost sollte sie abgedeckt werden; man gräbt sie auch häufig im Spätherbst aus und schlägt die Wurzeln in feuchten Sand im Keller ein
- erste Ernte nach 10 Wochen, dann jederzeit nach Bedarf
- je öfter das Kraut (Herzblätter unversehrt stehen lassen !) geschnitten wird, desto schneller wächst es nach
- Wurzeln im Herbst des 2. Jahres ausgraben
- Petersilie (außer Wurzelpetersilie) ist sehr gut in Blumenkästen zu ziehen, deren Erde mit Humus angereichert wurde (auch Gaben von flüssigem Dünger wirken sich sehr gut aus), am besten über Jungpflanzen
- aber auch Blumentöpfe mit Petersilie können im Winter für Vitamine sorgen
- eine vierköpfige Familie, die etwas Wert auf gute Küche legt, braucht -zig Pflanzen

Geschmack

- besitzt ein kräftiges, leicht bitteres Aroma
- würzig mit einem Hauch von Anis und Zitrone
- das nussige Aroma der Wurzelpetersilie liegt geschmacklich zwischen Blattpetersilie und Sellerie

Petersilie
Petroselinum crispum
Krause Petersilie
Blatt
Zweig
Petroselinum sativum
Glatte Petersilie
Petroselinum tuberosum
Wurzelpetersilie
Blatt

Verwendung in der Küche

Bereitung von Speisen und Getränken

- wichtigster Bestandteil vieler Kräuterbuttersorten
- auf Butterbrot
- auch zur Verfeinerung von selbstgemachter Majonäse
- krause Petersilie eignet sich besonders gut für Salate
- sehr gut zu Kartoffeln und Kartoffelsalat
- für viele Gemüsegerichte zur Verfeinerung
- an Suppen (hier besonders die Wurzelpetersilie), insbesondere an Gemüsesuppen und Eintopf
- ist unerlässlich für eine Unmenge von Soßen (insb.: Petersiliensoße)
- an Fleisch und Geflügel
- zu Fisch und Schalentieren
- zu allen Arten von Eierspeisen
- wird vielfältig für die Garnierung eingesetzt

Welche Pflanzenteile werden verwendet ?

- von der krausen und der glattblättrigen Petersilie werden traditionell die Blätter verwendet
- die Stängel haben jedoch einen noch intensiveren Geschmack
- zum Würzen von Brühe
- die Wurzel der Wurzelpetersilie gibt Gemüsesuppen und Eintöpfen den richtigen Pep
- Wurzelpetersilie ist ein wichtiger Bestandteil des in Deutschland so bezeichneten Straußes „Suppengrün"
- Petersilienwurzeln können auch sehr gut als Gemüse angerichtet werden

Tipps:

Petersilie überlagert den Eigengeschmack der Nahrungsmittel nicht. Frische Petersilie bitte erst dem fertigen Gericht zusetzen (nicht mitkochen).

Kleingehackt bildet Petersilie die Grundlage feiner Kräutermischungen.

Ein guter Koch verwendet sie so häufig, dass man die Beigabe kleingehackter Petersilie als Zeichen eines mit Liebe und Sorgfalt zubereiteten Essens werten kann.

Blattpetersilie gilt gegenüber der Krausen Petersilie als aromatischer.

Wenn nur getrocknete Petersilie verwendet wird, sollte man diese kurz mitkochen !

Wurzelpetersilie gehört zusammen mit Sellerie, Lauch und Möhren zum Suppengemüse.

Petersilie ist Bestandteil des „Bouquet garni" und der Kräutermischung „Fines herbes".

WARNUNG:

Wegen des giftigen Petersilienkampfers sollte man nie größere Mengen Petersilie essen; auf den Verzehr der Samen sollte wegen des hohen Apiolgehaltes ganz verzichtet werden !

PIMPINELLE – *Sanguisorba minor*

Anbau

- man zieht Pimpinelle leicht aus Samen; am besten jedes Jahr neu säen, da die jungen Blätter am schmackhaftesten sind
- Aussaat ab März an Ort und Stelle mit 20 cm Reihenabstand
- Keimdauer 12 - 20 Tage; auf 20 cm verziehen (wegen der Pfahlwurzel mögl. nicht umpfl.)
- bei Wurzelteilung hat man schnelleren Erfolg
- stellt kaum Ansprüche an den Boden; wenn er humos und kalkhaltig ist, gedeiht sie besonders gut
- möchte sehr viel Sonne und trockenen Boden haben
- alte Blätter stets entfernen, um den Neuaustrieb zu fördern

- bleibt in mildem Winter grün, wenn nicht, kommt sie mit den ersten Frühlingspflanzen wieder
- ernten kann man die zarten hellgrünen Blättchen ständig (ältere werden hart und schmecken nicht mehr); regelmäßiger Schnitt fördert das Wachstum
- die Blütenstände entfernen, da die Pflanze sonst aussamt
- Anbau in tiefen Töpfen gut möglich (am besten hier aber jedes Jahr neue Pflanzen); ist im Garten sehr gut für Rabatten und zur Einfassung von Wegen bzw. Beeten geeignet
- der Familienbedarf dürfte bei 4 - 9 Pflanzen liegen

Geschmack

- würzig-aromatisch
- frisch und gurkenähnlich
- alte Blätter schmecken bitter
- manchmal nussartig

Tipps:

Pimpinelle nur frisch verwenden und in der Regel nicht mitkochen ! Ihr Aroma wird durch Zugabe einiger Zitronensaftspritzer erhöht und verfeinert.

Lässt sich gut mit Estragon und Rosmarin kombinieren. Weil sie nicht so kräftig ist, passt die Pimpinelle überhaupt zu allen denkbaren Kräutermischungen und ist überall dort gut einzusetzen, wo Küchenkräuter passen !

Die etwas vergessene Pimpinelle wird nur in Italien und Frankreich stark angebaut; in Deutschland findet man sie bei interessierten Gartenfreunden und Hobbyköchen.

Pimpinelle
Sangiusorba minor

Laub

Blütenstand

Verwendung in der Küche

**Bereitung von
Speisen und Getränken**

- klassischer Bestandteil von
  Kräuterbutter
- zu Quark, Weichkäse und
  an Majonäse
- vorzüglich für frische Salate,
  grünen Salat, Tomaten- und
  Gurkensalat
- würzt Gemüse wie Tomaten,
  Gurken und Kohlrabi
- an Suppen

(besonders Kräutersuppen)
- an Soßen (Salatsoße, grüne Soße)
- an Fleischgerichte
- zu gekochtem und gebratenem
  Fisch, besonders aber zu
  Aalgerichten
- zu Eierspeisen
- an Fischmarinaden und zu Dipps
  (Kräutermilch)
- zur Aromatisierung von Wein,
  Punsch und anderen Kaltgetränken
  wie z.B. Gurkenbowle

- zusammen mit Borretschblüten
  zum Dekorieren von Weingläsern
- in Weinessig zur Bereitung von
  Kräuteressig
- für Rohkostplatten

**Welche Pflanzenteile
werden verwendet ?**

- frische und notfalls auch getrocknete Blätter (aber immer nur die
  jungen Blätter)
- junge Stängel

PORTULAK – *Portulaca oleracea*

Anbau

- Aussaat erst nach den Eisheiligen; reihenweise mit 15 cm Abstand ins Freibeet mit Folgesaaten für stets frische Blätter
- keimt nach 14 - 20 Tagen (Lichtkeimer)
- einfacher ist der Kauf einer Jungpflanze
- möchte leichte und lockere, nicht frisch gedüngte Gartenerde haben (nur mit Kompost düngen)
- benötigt windgeschützte Lagen mit viel Sonne
- sollte nicht zu feucht gehalten werden, ist aber in Trockenzeiten viel zu gießen (verträgt keine Staunässe)
- nicht zusammen mit Zwiebeln anbauen
- nach ca. 8 Wochen kann man die ersten Blätter ernten (nicht zu tief abschneiden)
- Ernte nur bis zur Blüte
- lässt sich auch sehr gut in großen Töpfen und Balkonkästen ziehen (hell stellen)
- für eine Familie reichen 4 - 9 Pflanzen, wenn Portulak nicht als Gemüse gegessen wird

Geschmack

- leicht salziger und frischer Geschmack
- scharf

Tipps:

Portulak schmeckt am besten, wenn man ihn mit anderen Kräutern mischt! Er sollte nicht mitgekocht werden!

Er lässt sich nur einsalzen und ist nicht zum Einfrieren oder Trocknen geeignet.

Nur der Küchenkräuter-Fan baut heute noch Portulak an. Er ist fast vergessen und dabei eines der besten Würzkräuter!

Verwendung in der Küche

Bereitung von Speisen und Getränken

- auf Butterbrot und zur Verfeinerung von Quarkaufstrich
- feines erfrischendes Salatkraut, besonders für grünen Salat, Tomaten- und Gurkensalat
- kann auch wie Spinat als Gemüse gekocht oder gedünstet (und mit Buttersoße serviert) werden
- zu Gemüse, besonders Spinat, Gurken, Tomaten, Paprikaschoten,
- an Suppen, besonders aber an Rahmsuppen (Kräutersuppe, Sauerampfersuppe, Tomatensuppe)
- zu Soßen, besonders Kräuter- und Tomatensoße sowie alle Arten Nudelsoßen
- auch an Fleischspeisen
- an Eiergerichte
- zu Fleischbrühe
- auch zum Einlegen in Essig gut geeignet
- für Rohkostgerichte

Welche Pflanzenteile werden verwendet?

- junge Blätter und Stängel (alte sind bitter!)
- Blüten (vorwiegend für Salate)

RAINFARN – *Tanacetum vulgare*

Anbau

- wächst als Wildpflanze nicht mehr sehr häufig an Wegen, Waldrändern, Bahndämmen, Ufern und feuchten Wegrändern
- im Frühling aus Samen ziehen, die Keimdauer beträgt 10 - 24 Tage
- später auf 45 x 45 cm setzen
- einfacher ist er durch Wurzelteilung zu vermehren
- liebt nährstoffreichen, mittel-

trockenen, sandigen Lehmboden
- braucht Sonne oder zumindest Halbschatten
- sein durchdringender Geruch hält Insekten fern, weshalb er für den Kräutergarten sehr nützlich ist
- nach der Blüte zurückschneiden, um die Pflanze in Form zu halten
- ist winterfest, nur die oberirdischen Teile sterben ab

- Blätter nach Bedarf pflücken
- Blüten sammeln, wenn sie offen sind
- ist wenig geeignet für den Anbau im Haus (notfalls in großen Kübeln); sein Platz im Garten will gut überlegt sein, da Rainfarn sich über die Wurzeln stark ausbreitet
- für eine vierköpfige Familie reichen 2 - 3 Pflanzen

Geschmack

- stark-würzig
- bitter

Tipps:

Getrocknete Blätter mit Öl oder Alkohol beträufeln, damit sie ihr volles Aroma entfalten.

WARNUNG:

Rainfarn muss sorgfältig in Kleinstmengen dosiert werden, da er den Giftstoff Thujon enthält !

Schwangere sollten ihn ganz meiden !

Verwendung in der Küche

Bereitung von Speisen und Getränken

- an Quark- und Frischkäsegerichte
- auf Fleisch reiben (ergibt einen Geschmack nach Rosmarin)
- ansonsten nach Auffassung einer Minderheit von Köchen sehr gut zu Pfannkuchen, Omelettes, Füllungen, Süßwasserfischen, Fleisch-

pasteten und an Salate
- für Mixgetränke
- an Dressings, Dipps und Vinaigrettes
- auch gut geeignet für Kräuteressig und -öl
- zum Würzen einer englischen Creme „Tansy"
- für „Tansy"-Kuchen und „Tansy"-Pudding, alles Gerichte, die früher

zu Ostern üblich waren
- junge Blätter in Öl backen und mit Orangensaft und Zucker genießen

Welche Pflanzenteile werden verwendet ?

- Blätter
- Blüten

RINGELBLUME – *Calendula officinalis*

Ringelblume

Calendula officinalis

Blüte

Knospe

Samen

Wurzel

Anbau

- im Herbst für eine frühe Blüte direkt ins Freibeet aussäen; im Frühjahr ab März für eine späte (Lichtkeimer)
- auf 30 x 30 cm vereinzeln, damit die Pflanzen buschig werden können (ein zu enger Bestand begünstigt den Befall mit Krankheiten)
- sät sich selbst aus und kommt so jedes Jahr wieder
- liebt lockeren, humosen und nährstoffreichen Boden
- braucht viel Sonne, gibt sich aber auch mit Halbschatten zufrieden
- mittlere Feuchtigkeit ist günstig
- Ringelblumen sorgen für einen gesunden Boden und stehen deshalb neben Erbsen, Gurken, Kohl, Möhren und Tomaten sehr günstig
- durch das Entfernen einiger Blüten regt man das Blütenwachstum an
- ist winterhart
- Ernte der Blüten sobald sie sich öffnen (verwelkte Blütenköpfe wegschneiden)
- Blätter können jederzeit geerntet werden, aber nur frische schmecken (später sind sie bitter und hart)
- die Ringelblume ist eine sehr gute Topfpflanze, für Balkonbepflanzungen und Kübel auch deshalb sehr beliebt, weil sie sich gut mit anderen Pflanzen kombinieren lässt
- wer gern mit den leuchtenden Blüten dekoriert, braucht schon 10 - 20 Pflanzen

Geschmack

- Blätter schmecken herb-bitter bis leicht pfeffrig
- manche Arten auch bittersüß bis leicht salzig
- frische Ringelblumen-Blüten besitzen eine zarte aromatische Bitterkeit mit erdigem Beigeschmack

Tipps:

Sowohl das frische Laub als auch die Blütenblätter werden fein gehackt verwendet.

Hobby-Gärtner haben sie vielfach als Sommerblume massenhaft im Garten.

Verwendung in der Küche

Bereitung von Speisen und Getränken

- Blütenblätter werden gern an Butter, Joghurt und an Käsespeisen gegeben
- Blätter und Blütenblätter zu Salaten (besonders grünem Salat)
- gedünstetes Gemüse wird gern mit Ringelblumen verfeinert
- Blütenblätter an Fleischsuppen und Eintöpfe (die frischen oder getrockneten kleingehackten Blütenblätter werden als Safran-Ersatz gern zu Fleischsuppen, Geflügel- und Fischgerichten gegeben)
- Blütenblätter mit Dill besonders zu Fischsuppen (Aal !)
- Blütenblätter zur Verfeinerung von hellen Soßen für Geflügel, helles Fleisch und Fisch
- Blütenblätter an Reis- und Eierspeisen, auch an Eierkuchen
- Blüten und Blätter werden für die Teebereitung genommen (mit Honig süßen !)
- Blütenblätter passen nicht nur als Garnitur sehr gut an Kuchen, Süßspeisen und Puddings
- süße und würzige Gerichte kann man auch mit dem aus Ringelblumenblättern gekochtem Sud sehr gut gelb färben

Welche Pflanzenteile werden verwendet ?

- frische junge Blätter
- die Randblüten (nicht das Zentrum) werden zum Würzen vieler Speisen sowie als Ersatz für Safran verwendet (z.B. zum Färben von Reis, Fisch, Joghurt, Butter)
- die Samen können zerstoßen auch als Tee verwendet werden

ROSMARIN – *Rosmarinus officinalis*

Geschmack

- leicht scharf
- erinnert an Muskat und Kampfer
- herb-bitter bis kampferartig mit
  holzigem Nachgeschmack

Rosmarin
Rosmarinus officinalis

Trieb mit Blütenstand

Wuchshabitus

Tipps:

Rosmarin ist eines der aromatischsten Küchenkräuter –
sparsam benutzen !

Wenn man Rosmarin verwendet, dann sollte er am besten
(außer mit Knoblauch) nicht mit anderen Kräutern
gemischt werden ! Man kocht Rosmarin mit.

Ganze Zweige werden getrocknet und die Blätter erst
bei Verwendung zerdrückt.

Anbau

- Rosmarin ist sehr schwer über Samen anzuziehen; günstiger ist es, eine Pflanze zu kaufen
- er lässt sich aber auch gut aus Stecklingen ziehen; man kann auch einen Zweig in Wasser bewurzeln lassen; noch einfacher ist es, junge Pflanzen im Frühjahr oder Herbst zu teilen (nach dem letzten Frost ins Freibeet)
- auf 60 x 60 cm pflanzen
- der Boden sollte gut drainiert und wasserdurchlässig, nährstoffreich, trocken bis frisch sein (lehmige und schwere Gartenerde wird am besten mit 1/3 Sand gemischt)
- mit Humus, Kalk und Eierschalen bzw. zweimal im Jahr mit Depotdünger düngen
- braucht einen hellen, windgeschützten Platz mit viel Sonne (wenn möglich vor eine Südwand setzen)
- lässt sich gut zusammen mit Möhren und Salbei anbauen
- sollte im Herbst zurückgeschnitten werden (Formschnitt), damit er im nächsten Frühjahr reich verzweigt und buschig wird (es darf aber nur 1/3 der Triebe abgeschnitten werden)
- Rosmarin ist sehr kälteempfindlich, muss deshalb vor dem ersten Frost (am besten in Töpfen) ins Haus und sollte erst nach den Eisheiligen wieder ins Freie
- in milden Wintern kann er auch abgedeckt im Freien bleiben
- Blätter können ständig in kleinen Mengen abgenommen werden, die Haupternte erfolgt jedoch vor der Blüte
- sehr gut geeignet für Fensterbank und (großen) Blumentopf in lockerer Erde (auch mit 1/3 Sand Beimengung) (kann jahrelang darin bleiben)
- eine Pflanze reicht für eine Familie

Verwendung in der Küche

Bereitung von Speisen und Getränken

- fein zu Kräuterbutter, Quark und Käse
- Rosmarinblüten an Salate
- zu Kartoffelgerichten, besonders aber zu Bratkartoffeln
- für Gemüse (an weiße Bohnen und an Tomatengerichte)
- an Suppen (Tomatensuppe)
- verleiht Soßen (Salatsoße, Bratensoße, Tomatensoße) eine herb-würzige Note
- zum Würzen von Huhn und Geflügelragouts, Schweinefleisch, Lamm, Hammel, Kalb, Wild, Gulasch und anderen Fleischgerichten
- beim Grillen geben verbrannte Zweige dem Fleisch ein besonderes Aroma
- sehr gut zu gekochtem Seefisch und Muscheln
- auch zur Teeherstellung verwendbar
- an mediterrane Gerichte, ist besonders wichtig für die italienische und die französische Küche
- gern auch in Füllungen
- gut an Fleischbrühe
- an Marinaden (Fisch- und Fleischmarinaden)
- zum Aromatisieren von Essig und Öl (frische Zweige)
- zum Einpökeln von Fleisch sowie zum Sauereinlegen von Fisch
- auch an Backwaren und Gelees

Welche Pflanzenteile werden verwendet ?

- junge Triebspitzen
- getrocknete Blätter, die zur Blütezeit geerntet werden
- frische Blüten werden in Salate gestreut
- Blüten auch mit Zucker zerstoßen, mit Sahne vermischen und zu Fruchtpüree geben

SALBEI – *Artemisia vulgaris*

Anbau

- im April ins Früh- oder Mistbeet in Reihen von 30 cm Abstand aussäen (ab Mai ins Freiland)
- die nach 21 - 28 Tagen auftauchenden Keimlinge auf 30 cm vereinzeln
- da die jungen Pflanzen sehr langsam wachsen, ist eine Vermehrung durch Teilung oder Stecklinge (Absenker Wurzeln fassen lassen) viel effektiver
- liebt lockeren, gut durchlüfteten und wasserdurchlässigen, trockenen Boden
- die Erde sollte humusreich und kalkhaltig sein
- möchte gern sonnig stehen
- sein Duft hält Schnecken und Läuse fern
- Salbei fördert Wuchs und Gesundheit von Bohnen, Erbsen, Kohl, Möhren (ist aber ungünstig für Gurken) und Rosmarin
- nach der Blüte zurückschneiden (auch wenn die Pflanze zu schießen beginnt)

- kann im Winter im Freien bleiben, sollte aber mit Torf oder Tannenzweigen abgedeckt werden
- man sollte alle 3 - 4 Jahre neue Ableger ziehen, da Salbei nach einigen Jahren holzig wird
- frische Blätter erntet man am besten kurz vor der Blüte
- zum Trocknen die Triebspitzen abschneiden (es darf aber nur 1/3 der Triebe abgeschnitten werden); Stängel verholzen ab dem 2. Jahr
- wenn der vorhandene Salbei nicht schmeckt, sollte man ihn auswechseln
- sehr gut in Balkonkästen und großen Blumentöpfen in lockerer Erde mit 1/3 Sand (nach 2 Jahren neu setzen)
- zwei bis drei Pflanzen reichen für eine Familie

Geschmack

variiert durch Boden und Klima beträchtlich:
- schmeckt meist streng-würzig mit Kampferaroma
- manchmal mild-moschusartig, aber auch würzig-bitter

Salbei
Salvia officinalis

Blütenstand

Laub

Wuchsform der Staude

Tipps:

Salbei wird sparsam verwendet, denn er würzt sehr intensiv! Wegen seines starken Aromas wird Salbei selten mit anderen Küchenkräutern kombiniert.

Verwendung in der Küche

Bereitung von
Speisen und Getränken

- zur Herstellung von Kräuterbutter
- passt auch sehr gut zu Käse
- zu Salaten
- gehackte Blätter auch zu Gemüse (besonders zu Tomatengerichten)
- für grüne Bohnen (aber auch für dicke Bohnen) und Erbsen
- an mediterrane Eintöpfe
- an (saure) Soßen und Bratentunken
- an fast alle fettreichen Fleisch- gerichte, aber besonders an Geflügel, Wild, Kaninchen, Schweinebraten, Lamm und Hammel
- auch zu Steaks, Kalbfleisch, sauren Nieren und gebratener Leber, aber auch zu allen Hackfleischgerichten
- Salbeiblätter zwischen Speck, Zwiebeln und Tomaten auf den Grillspieß stecken; manche spießen Grillfleisch auf Salbeistängel oder spicken es mit seinen Blättern
- wird auch vom Metzger zum Würzen bei der Wurstherstellung benutzt (in Wurstwaren des organisierten Lebensmittelhandels ist Salbei meist nicht enthalten, weil Kinder diesen Geschmack oft nicht mögen)
- besonders zu Fischgerichten (Aalsuppe und gekochtem Aal, aber auch zu Heringsgerichten)
- im Fischsud von Fischsuppen und Fischsoßen mitkochen
- zu vielfältigen Eierspeisen (besonders zu Käse- und Kräuteromelettes)
- Salbei ist in der italienischen Küche wie Lorbeer und Rosmarin eines der klassischen Küchenkräuter
- sehr pikant ist die Zwiebel-Salbei- Füllung bei Gans und Ente
- auch für weitere Füllungen und für Pasteten
- zur Essigherstellung
- zum Einlegen von Gurken
- für Diäten geeignet

Welche Pflanzenteile werden verwendet ?

- von den Blättern am besten nur die jungen zarten nehmen
- die Blüten auf Salate streuen (auch für Tee geeignet)

Saurampfer

Rumex acetosa

Laub

Blüte

Wurzel

Anbau

- Sauerampfer ist eine einheimische Wiesenpflanze
- Aussaat ab März ins Saatbeet mit 20 cm Reihenabstand (Lichtkeimer); Aussaat auch im August für das Folgejahr
- die schon nach 3 - 4 Tagen auftauchenden Keime auf 10 cm vereinzeln
- einfacher ist es, Pflanzen über Wurzelteilung zu gewinnen
- gedeiht in jedem Boden; sehr gut sind jedoch humus- und eisenhaltige, tiefgründige Lehm- und Tonböden
- gedeiht am besten an halbschattigen und schattigen Plätzen (bei zuviel Sonne werden die Blätter bitter)
- möchte einen mittelfeuchten Boden
- Blütentriebe wegschneiden
- am besten eine eigene Ecke im Garten geben, da Sauerampfer sich stark ausbreitet
- ist winterhart
- sollte alle 4 Jahre erneuert werden
- man kann ständig frische Blätter ernten (alte schmecken bitter), sollte aber das Herz der Pflanze schonen
- bei häufigem Pflücken treibt Sauerampfer sehr gut nach
- gut geeignet für Balkonkasten und Kübel aber auch zur Beeteinfassung im Garten
- es reichen 4 - 9 Pflanzen je Familie

Geschmack

- fein-säuerlich bis scharf-säuerlich
- herb-aromatisch bis leicht bitter

Tipps:

Mit Plastikmesser (oder rostfreiem Messer) schneiden und nie in einem Eisentopf zubereiten ! Nur kurz ankochen !

Sauerampfer eignet sich nicht zum Trocknen, am besten ist es, ihn im fertigen Gericht tief zu gefrieren. Er kann auch in Butter angedünstet und dann tiefgefroren werden.

Verwendung in der Küche

Bereitung von Speisen und Getränken

- sehr gut zu Quark und Joghurt
- als Salat roh zubereitet mit Rosinen, aber auch zusammen mit Löwenzahn
- an Salate (grüner Salat, Gurkensalat)
- als Gemüse wie Spinat (Kochwasser einmal wechseln, um die Säure zu reduzieren)
- einige Blätter allein verbessern Spinat gewaltig
- an Kräutersuppen; sehr lecker ist Sauerampfer mit Sahne als Suppe; auch zur Kerbelsuppe hinzu
- würzt vorzüglich Suppen aus Hühnerbrühe und Milch sowie Gemüsesuppen und Suppen aus Linsen, Gurken und Tomaten
- in helle Soßen
- Sauerampfer bildet die Basis der altenglischen grünen Soße, die zu Schweinebraten und Gans gereicht wird
- kurz in Butter gedünstet ergibt er ein leckeres Püree (nach dem Blanchieren); dieses Püree passt ausgezeichnet zu Lamm-, Kalb- und Schweinefleisch, Fisch, Eiern (speziell zu Omeletts)
- zu leckeren Fischgerichten
- ist Bestandteil der Kräutermischung, die man zum Füllen verwendet oder dem Fischsud zufügt
- für Diätkost geeignet

Welche Pflanzenteile werden verwendet ?

- nur junge zarte Blätter (bevor die Blüte beginnt) für rohe Verwendung auswählen

SCHNITTLAUCH – *Allium schoenoprasum*

Schnittlauch
Allium schoenoprasum

Blütenstadien

Einzelblüte

Anbau

- kann leicht aus Samen gezogen werden, die Aussaat erfolgt ab März ins Saatbeet
- keimt nach 14 - 21 Tagen
- später mehrere Pflänzchen zusammen auf 20 x 20 cm auspflanzen (in möglichst frischen Boden)
- schneller und einfacher ist es, im Frühjahr oder Herbst eine ältere Staude zu teilen
- wächst in jedem Gartenboden, liebt ihn aber locker und schwach sauer bis kalkhaltig
- die Erde sollte nährstoffreich sein und sehr viel Humus enthalten
- gedeiht gleichermaßen an sonnigen und halbschattigen Plätzen
- benötigt einen feuchten Boden
- nicht zusammen mit Estragon, Minze, Rosmarin oder Salbei anbauen
- die Blüten abknipsen, damit die Pflanze ihre Kraft länger behält
- ist zwar winterhart, aber für den Winter in Blumentöpfe umpflanzen, zunächst kühl halten und danach ans Küchenfenster (besser zwischen Doppelfenster) stellen; dann braucht er alle 14 Tage flüssigen Dünger, damit die Spitzen nicht braun werden
- sollte alle 3 bis 4 Jahre geteilt werden und einen neuen, wohlvorbereiteten Standort erhalten
- er kann den ganzen Sommer über geerntet werden; allerdings sollte man ihn nicht zu sehr schwächen (am besten allen Pflanzen ab und zu eine Ruhepause gönnen)
- nicht tiefer als 5 cm über der Erde abschneiden ! (einige Autoren geben sogar vor, 1/3 stehen zu lassen)
- ist auch sehr gut in Töpfen und Balkonkästen zu ziehen
- da wir annehmen, dass unsere vierköpfige Familie nicht nur an den Wochenenden selbst kocht, sondern sich in der Woche auch die Abendmahlzeiten – oft mit Salat – selbst bereitet, dürfte sie schon -zig Schnittlauchpflanzen benötigen

Geschmack

- zart-würziger Zwiebelgeschmack
- angenehm erfrischend
- leicht scharf

Tipps:

Schnittlauch ist in der Küche fast universell zum Würzen von Speisen aller Art einsetzbar, insbesondere jedoch zu allen Gerichten, zu denen man auch Zwiebeln nimmt ! Er sollte frisch verwendet und nicht erhitzt werden.

Verwendung in der Küche

Bereitung von Speisen und Getränken

- delikat auf Butterbrot
- zu verschiedenen Quarkspeisen
- zu Weichkäse
- sehr gut an alle Salate (besonders an grünen Salat und Kartoffelsalat), aber auch an Fisch-, Gemüse- und Wurstsalat, Pilzsalat, Fleischsalat
- auch zu Kartoffeln
- passt gut zu gekochtem Gemüse, auch zu Rote Beete
- über Suppen (Kräutersuppen) gestreut bessert er nicht nur deren Optik auf
- verfeinert helle Soßen, auch die grüne Soße und Remouladen
- zu Rindfleisch
- zu gekochtem und geräuchertem Fisch
- zu Eiern, besonders Rührei, Omelett und Eierkuchen
- an Fleischbrühe
- wichtiger Bestandteil vieler Marinaden

Welche Pflanzenteile werden verwendet ?

- Blätter (Stängel)
- Blüten

SCHNITTSELLERIE – *Apium graveolens var. secalina*

Schnittsellerie
Apium graveolens var.secalina

Zweig mit Laub

Anbau

- Aussaat ab März ins Frühbeet (Lichtkeimer); direkte Aussaat erst nach den Eisheiligen
- keimt in 21 - 28 Tagen; dann auf 4 x 4 cm pikieren
- ab Mitte Mai auf 20 x 20 cm auspflanzen, danach mit etwas Kochsalz düngen
- liebt nährstoffreiche, kalkhaltige Böden (am besten im Herbst mit Mist düngen)
- ein sonniger bis halbschattiger Platz ist günstig
- braucht bei Trockenheit viel Wasser, ansonsten mittlere Feuchtigkeit
- Schnittsellerie ist nicht ganz winterhart und sollte deshalb abgedeckt werden (wenn man sie nicht den Winter über im Keller in Sand hält)
- man sollte stets nicht mehr als 2 Blätter von einer Pflanze nehmen
- die Pflanze ist zwar zweijährig, aber im zweiten Jahr ungenießbar; man lässt sie nur weiter wachsen, wenn man ihre Samen gewinnen möchte
- Schnittsellerie ist für den Anbau in Töpfen und Kästen sehr gut geeignet
- der Bedarf für eine Familie liegt bei 2 - 3 Pflanzen

Geschmack

- erdhaft-würzig mit leicht süßlichem Anklang
- die meisten Sorten haben eine gewisse Bitterkeit
- erinnert an Petersilie (ist aber schärfer und bitterer), es besteht auch Ähnlichkeit mit Liebstöckel
- die Samen sind bitter

Tipps:

Schnittsellerie kann ähnlich wie die Petersilie nahezu universell für fast alle Speisen verwendet werden.

Nur kurz mitkochen, da das Selleriekraut sonst seinen feinen Geschmack verliert !

Auch als Garnitur wie Petersilie sehr vielfältig verwendbar.

Verwendung in der Küche

Bereitung von Speisen und Getränken

- Schnittsellerie wird häufig an alle Arten von Salat (besonders Kartoffelsalat) und Salatdressing genommen
- passt gut zu vielen Gemüsearten wie Auberginen, Bohnen und Linsen sowie Gurken und Zucchini, hat aber eine besondere Affinität zu Tomaten
- er ist eines der wichtigsten Würzmittel für Suppen und Eintöpfe
- kommt aber auch an Soßen
- zum Pochieren von Fisch
- die Samen sind eine wichtige Zutat zum Bloody Mary Cocktail
- Selleriesamen geben Marinaden, Dressings und Fischpasten eine feine Würze und Schärfe
- Cracker, Partygebäck und Brot werden u.a. auch mit Selleriesamen gewürzt

Welche Pflanzenteile werden verwendet ?

- frische Sellerieblätter und Blattstiele
- Selleriesamen zählt man bisweilen zu den Gewürzen (ist in Selleriegewürz und Selleriesalz enthalten)

THYMIAN – *Thymus vulgaris*

Anbau

- Aussaat ab April oberflächlich angedrückt ins Freiland
- nachdem sich in 7 - 14 Tagen Keimlinge gebildet haben, pflanzt man diese auf 15 x 15 cm aus
- lässt sich aber leichter durch Stecklinge und Wurzelteilung vermehren
- liebt leichten, gut gelockerten, tiefgründigen, kalkhaltigen Boden mit geringem bis mittlerem Humusgehalt (Thymian braucht nur wenig Nährstoffe)
- Anbau in warmer, sonniger, windgeschützter und trockener Lage (mag keine feuchte Kälte)
- nicht zusammen mit Estragon, Minze, Rosmarin oder Salbei anbauen
- Kohl jedoch profitiert vom benachbarten Thymiananbau
- sollte im Herbst (nach der Blüte) zurückgeschnitten werden (Formschnitt), damit er im nächsten Frühjahr reich verzweigt und buschig wird (es darf aber nur 1/3 der Zweige geschnitten werden)
- überwintert unter Abdeckung in normalen Wintern gut
- nach 3 - 4 Jahren sollte neu angepflanzt werden

- empfohlen wird der Deutsche oder Winterthymian (weil er resistenter und ausdauernder ist als der Französische oder Sommerthymian)
- ab Beginn der Blüte können die oberen Pflanzenteile bis auf 8 cm abgeschnitten und getrocknet werden
- Ernte der Blätter und Zweige jederzeit während des Wachstums
- Haupternte zum Trocknen im Herbst kurz vor der Blüte (am besten mittags)
- an einem sehr sonnigen und luftigen Standort ist Thymian geeignet für Balkonkästen und Blumentöpfe mit lockerer Erde (1/3 Sand beimischen); ist im Haus nur bei besten Lichtverhältnissen zu ziehen
- der Bedarf liegt bei 2 - 3 Pflanzen

Geschmack

- stark würzig mit einer Note aus Gewürznelken, Minze und Kampfer
- manchmal beißend scharf
- frischer Nachgeschmack

Thymian
Thymus vulgaris

frischer, grüner Spoß

Blütenstand

Einzelblüte

Wurzel

Verwendung in der Küche

Bereitung von Speisen und Getränken

- wird für Kräuterbutter, Käse- und Quarkgerichte häufig verwendet
- mit Majoran zusammen für Salate
- an Bratkartoffeln, Kartoffelsuppen und -salat
- für südländische Gemüsegerichte (besonders Tomaten-, Kürbis-, Auberginen- und Gemüse-Paprika)
- speziell für geschmorte Gemüsegurken
- gut geeignet für Suppen (Gemüsesuppe sowie Bohnen-, Erbsen-, Linsensuppe)
- an Braten-, Kräuter- und Tomatensoßen
- Schweinebraten, Kalb-, Wild- und Hammelbraten und andere fette Fleischgerichte werden besser verdaulich
- auch an Pasteten, Geflügelragouts, Nieren, Leberknödel und gebratene Leber sowie Hackfleischgerichte
- am besten passt Thymian aber zusammen mit Rotwein, Zwiebeln, Knoblauch und Branntwein zu solchen Fleisch-, Wild- und Geflügelgerichten, die langsam in einem irdenen Gefäß köcheln
- wichtigste Verwendung ist die Wurstherstellung

- darf an keinem Aalgericht fehlen
- zu Fisch und Meeresfrüchten
- zum Würzen von Omeletts
- wurde schon von den Römern zum Würzen von Wein verwendet
- gehört in aromatische Teemischungen
- an Pilzgerichte
- sehr gut auch zum Fettauslassen geeignet
- wie Salbei wird auch Thymian für Füllungen benötigt
- an Bouillon sowie Fleischbrühe
- an Marinaden
- frische Zweige in Essig und Öl legen
- Würzmittel für sauer eingelegte Oliven
- auch zu Rohkostspeisen
- sehr gut zum Würzen vegetarischer Bratlinge
- Fruchtsalate und Konfitüren werden sehr schmackhaft, wenn man sie mit Thymian würzt

Welche Pflanzenteile werden verwendet ?

- die Blätter (frisch und getrocknet)
- Blüten zum Garnieren

Tipps:

Wegen der großen Würzkraft bitte nur sehr sparsam verwenden !

Thymian sollte am besten mitgekocht werden, damit er sein Aroma gut weitergeben kann !

Zusammen mit Lorbeer und Petersilie ist Thymian ein unverzichtbarer Bestandteil des „Bouquet garni". Er ist stets auch Bestandteil der Kräutermischung „Herbes de Provence", manchmal auch von „Fines herbes". Insofern stellt Thymian für zahlreiche Speisen den geschmacklichen Hintergrund dar.

Zur Haltbarmachung lässt er sich sehr gut luftig trocknen (der Geschmack lässt nur langsam nach). Besser ist es, Thymian tief zu gefrieren, er kann auch sehr gut in Essig und in Öl eingelegt werden.

Thymian ist eines der wichtigsten europäischen Küchenkräuter.

TRIPMADAM – *Sedum reflexum*

Anbau

- Aussaat ab April ins Saatbeet (nur andrücken, nicht mit Erde bedecken)
- geht nach 14 - 16 Tagen auf
- auf 20 x 20 cm auspflanzen
- die Tripmadam ist einfacher durch Staudenteilung und Ableger zu gewinnen
- sandiger, magerer Boden ist günstig für Tripmadam; insofern akzeptiert sie jede Gartenerde, trotzdem ist eine normale bis lockere Struktur angenehm
- gibt sich mit geringem Humusgehalt und wenig Nährstoffen auf neutralem Boden zufrieden
- der Boden sollte trocken bis frisch sein (ist empfindlich gegen Staunässe)
- möchte einen vollsonnigen Platz haben
- bedeckt mit ihren Ausläufern bald den Boden, weshalb sie auch gut als „Teppichstaude" verwendet wird
- man kann das ganze Jahr hindurch junge Triebspitzen ernten
- die Pflanze sollte nicht zum Blühen kommen
- bleibt auch im Winter grün
- lässt sich gut im Balkonkasten oder in einem größeren Topf ziehen
- der Bedarf einer vierköpfigen Familie liegt bei 2 - 3 Pflanzen

Geschmack

- säuerlich-frisch

WARNUNG:

Tripmadam nicht mit dem gelben Mauerpfeffer (der zur Erblindung führen kann) verwechseln!

Tipps:

Tripmadam wird gern mit anderen Küchengewürzkräutern gemischt.

Ihre Triebe werden (wie Petersilie) gern als essbare Dekoration verwendet.

Verwendung in der Küche

Bereitung von Speisen und Getränken

- zusammen mit Butter sehr lecker
- für Salate
- für grünen Salat und Gemüsesalate nimmt man nur die zu Mus zerdrückten Blätter
- an junge Kartoffeln
- als Gemüse wie Spinat
- an Suppen (Kräuter- und Gemüsesuppe)
- bildet mit Borretsch, Melisse, Pimpinelle, Salbei, Thymian und Weinraute die „7 Kräuter der Hamburger Aalsuppe"
- für Kräutersoßen
- in Kleinstmengen auch an Rindfleischgerichte
- bedeutsam für die franz. Küche
- an Vinaigrettes
- auch zur Herstellung von Kräuteressig
- ist eine ausgesprochene Rohkostwürze
- macht zusammen mit Gartenkresse und Schnittlauch alle Diätplatten schmackhafter

Welche Pflanzenteile werden verwendet ?

- junge Blätter und Triebspitzen nicht blühender Zweige (aber nur frisch)

WALDMEISTER – *Galium odoratum*

Anbau

- kann in freier Natur in kalkreichen Buchenwäldern große Bestände bilden
- ist im Kräutergarten gut aus Samen zu ziehen, keimt aber sehr langsam
- auf 20 x 20 cm vereinzeln
- einfacher ist die Vermehrung durch Stecklinge oder mittels Wurzelteilung (nach der Blüte)
- ist anspruchslos, aber auch ein nährstoffreicher, gut humushaltiger und lockerer Boden ist ihm lieb
- dieser kann leicht sauer bis kalkhaltig sein
- liebt Schatten, möchte zumindest Halbschatten haben
- braucht einen halbfeuchten bis feuchten Boden
- ist winterfest, aber das Laub stirbt im Winter ab
- da die Ausläufer von Waldmeister stark wuchern, ist er sehr gut als Bodenteppich geeignet
- die frischen Blätter können jederzeit geerntet werden
- das Kraut wird vor der Blüte geschnitten und langsam schattig getrocknet
- ist nicht für den Anbau in Balkonkästen und Töpfen geeignet
- der Familienbedarf liegt bei 2 - 3 Pflanzen

Tipps:

Waldmeisterblätter bitte nicht wie sonst bei Küchenkräutern allgemein üblich kleinhacken, sondern kurz in den Speisen ziehen lassen.

Er sollte ein bis zwei Tage vor der Verwendung gepflückt werden – so wird das Aroma intensiver (wenn die Blätter welken).

WARNUNG:

Nicht länger als 20 Minuten in Getränke einlegen, da sonst durch das enthaltene Cumarin Kopfschmerz ausgelöst wird !

Geschmack

- angenehm leicht bitter
- vanille- bis heuartig

Verwendung in der Küche

Bereitung von Speisen und Getränken
- verfeinert Wein
- frisch für Maibowle (das junge Kraut wird mit Weißwein angesetzt und mit Zucker, evtl. Weinbrand abgeschmeckt) oder Waldmeisterbowle
- auch als Zusatz zu Limonaden und Säften (z.B. halbgetrockneten Waldmeister mit Apfelsaft ansetzen)
- wichtiger Bestandteil vieler aromatischer Kräutertees
- an Fruchtgetränke
- verfeinert Obstsalate und Eis
- frisch an Gebäck und Süßspeisen
- veredelt süße Suppen, Pudding und Kompott

Welche Pflanzenteile werden verwendet ?
- Blätter und Stiele
- Blüten zur Dekoration
- für Tee kann die ganze Pflanze verwendet werden

WEINRAUTE – *Ruta graveolens*

Anbau

- die Anzucht aus Samen ist nicht einfach
- Aussaat ab April ins Saatbeet
- auspflanzen auf 30 x 40 cm
- Weinraute lässt sich aber gut aus Ablegern ziehen (Ableger nicht nach Regenfällen und auch nicht bei starker Sonne nehmen; am besten immer Handschuhe verwenden)
- man kann die Weinraute auch durch Pflanzenteilung vermehren
- sie liebt lockeren durchlässigen kalkhaltigen bis neutralen und nährstoffarmen Boden
- braucht sonnige windgeschützte Lagen (wenigstens Halbschatten) mit viel Platz
- benötigt nur wenig Feuchtigkeit
- das Ausschneiden der Blüten fördert das Blattwachstum
- friert in strengen Wintern zurück, treibt aber im Frühjahr wieder aus (trotzdem besser mit Stroh schützen)
- im Frühjahr die Pflanze zurückschneiden (falls nicht alles abgefroren ist)
- der holzige verzweigte Wurzelstock lässt sich nur sehr schwer wieder ausgraben, wenn die Weinraute einmal Fuß gefasst hat
- junge Blätter können ganzjährig geerntet werden
- die Blüten pflückt man bei ihrem Erscheinen (auch zum Trocknen)
- Samen sammeln
- Weinraute kann nicht gut in Balkonkästen, dafür aber in großen Kübeln gezogen werden
- eine Pflanze reicht für eine Familie

Geschmack

- eigenartiger intensiver herber bis äußerst bitterer Geschmack
- scharf
- moschusartig

WARNUNG:

In größeren Mengen ist Weinraute giftig !

Die Berührung der Pflanze kann allergische Reaktionen hervorrufen !

Schwangere sollten ganz auf den Genuss von Weinraute verzichten, da sie Fehlgeburten auslösen kann !

Tipps:

Weinraute wirkt appetitanregend.

Nicht jeder verträgt sie roh, deshalb sollte stets sparsam dosiert werden ! Auch wegen der starken Würzkraft sollte man nur äußerst sparsam mit ihr umgehen !

Zur Haltbarmachung wird sie am besten getrocknet.

Verwendung in der Küche

Bereitung von Speisen und Getränken

- junge frisch gehackte Blätter auf Butterbrot
- für alle Käsegerichte
- macht Salate würziger (besonders gut geeignet für grünen Salat und Tomatensalat)
- Fans essen junge Blätter der Weinraute auch selbständig als Salat
- an Spinat und Wirsingkohl
- sehr fein dosiert verleiht die Weinraute Suppen und Soßen einen besonderen Pfiff
- eine köstliche Fleischsoße wird aus Pflaumen und Wein zusammen mit Weinraute bereitet
- in bescheidenster Menge als Würze für Fleischgerichte geeignet
- feingewiegt an Pasteten und helles Fleischragout, aber auch an Hammel
- an Fischgerichte (insbesondere Hamburger Aalsuppe und Kochfisch)
- verleiht Eierspeisen einen ungewöhnlichen Geschmack
- Weinraute wurde früher dem herben englischen Würzwein beigefügt
- eignet sich sehr gut als Zutat zu Gemüsesaft-Cocktails
- heute wird Weinraute klassisch dem italienischen Traubenschnaps Grappa hinzugefügt (der häufig in Grappaflaschen enthaltene Zweig stammt von der Weinraute)
- zu Pilzgerichten
- sollte in keinem Kräuteressig fehlen
- zum Einlegen von Gurken und grünen Tomaten

Welche Pflanzenteile werden verwendet ?

- getrocknete und zerriebene Blätter
- Samen zusammen mit Liebstöckel und Minze an Marinaden

Weinraute
Ruta graveolens

Blütenstand

Laub

Samen (Früchte)

WERMUT – *Artemisia absinthium*

Anbau

- Aussaat im Frühjahr ins Saatbeet
- keimt nach 14 Tagen
- auf 50 x 50 cm auspflanzen (der Strauch kann riesige Ausmaße annehmen)
- lässt sich einfacher aus Stecklingen ziehen
- ist völlig anspruchslos, entwickelt aber das beste Aroma auf kalkreicher Erde
- der Boden sollte durchlässig und nährstoffarm sein
- liebt die volle Sonne, gedeiht aber auch im Halbschatten
- ihm reicht ein mitteltrockener Boden (mag keine stauende Nässe)
- in der Nähe von Wermut kümmern andere Pflanzen, deshalb setzt man ihn an einen separaten Platz (der Regen wäscht aus seinen Blättern ein wachstumshemmendes Gift aus); Wermutabfälle sollten nicht auf dem Kompost landen
- ist mäßig winterhart
- die frischen Blätter können ständig geerntet werden, aber kurz vor der Blüte hat Wermut sein stärkstes Aroma
- ist sehr gut geeignet für Töpfe, weniger für den Balkonkasten
- 2 bis 3 Pflanzen reichen je Familie

Geschmack

- herbbitter, aber auch würzig-bitter

Tipps:

Wermut sollte nur in kleinsten Mengen verwendet werden.

Man kocht ihn mit !

Zur Haltbarmachung trocknen und in fest verschlossenen Gläsern aufbewahren.

Verwendung in der Küche

Bereitung von Speisen und Getränken

- für Sommersalate die Schüssel mit Wermutblättern ausreiben
- an deftige Rübeneintöpfe
- in Minimengen zur Verfeinerung fetter Speisen
- unentbehrlich bei fettem Fleisch (wie Eisbein, Schweinebauch) Hammel und Wildschweingerichten
- zusammen mit Beifuß für Gänse- und Entenbraten
- Zubereitung von Likör und Wermutwein
- aber auch Wein lässt sich mit einem Wermutzweig würzen
- in den Martini gehört für viele ein Wermutblatt
- Füllungen

Welche Pflanzenteile werden verwendet ?

- junge Blätter und Triebspitzen
- notfalls werden die in der Blüte geschnittenen ganzen Stiele nach Entfernen der holzigen Teile verwendet

YSOP – *Hyssopus officinalis*

Anbau

- Aussaat im späten Frühjahr in Reihen von 30 cm (wenig mit Erde bedecken)
- keimt nach 14 Tagen
- vereinzeln auf 25 cm
- einfacher ist es, mit Stecklingen und Teilung neue Pflanzen zu erzielen
- verträgt keinen frisch gedüngten Boden; möchte lockere, kalkhaltige Gartenerde haben, bevorzugt aber leichten, sandigen, durchlässigen und mitteltrockenen Kalkboden
- liebt sonnige, trockene Lagen (verkümmert bei Staunässe)
- gilt als Mittel zur Abwehr von Blattläusen, Schnecken und Raupen
- ist zwar winterfest, benötigt aber in unseren Breiten im Winter Frostschutz
- muss alle 3 - 4 Jahre erneuert werden
- es können ständig junge Triebe und Blätter geerntet werden
- Blüten sollten sofort nach dem Öffnen entnommen werden
- zum Trocknen sollte das Kraut während der Blütezeit geschnitten werden (Pflanze komplett eine Handbreit über dem Boden abschneiden)
- kann in einem größeren Gefäß gut im Haus gezogen werden, ist auch im Garten als Einfassungspflanze sehr beliebt
- zwei bis drei kleine Büsche reichen je Familie

Geschmack

- pfeffrig, herb-scharf, etwas bitter
- leicht minzig
- erinnert an Thymian

Tipps:

Ysop bitte nur sparsam verwenden.

Verwendung in der Küche

Bereitung von Speisen und Getränken

- zu Quark, Käse und Kräuterbutter
- an Salate (besonders Kartoffelsalat) und für Fleisch-, Sellerie- und Tomatensuppe
- zu allen Hülsenfrüchten
- an rohe Tomaten und alle anderen Tomatengerichte
- an Suppen (Gemüse-, Bohnen-, und Kartoffelsuppe)
- gern auch an Eintopf
- Ysop ist gut für fetten Speisen
- wird wie Pfeffer sparsam zu Fleisch- und Fischgerichten verwendet
- in die Haut von Wild reiben
- zu gebratener Ente und Gans
- zu Rinderroulade, Hammel und Schweinebraten, aber auch zu Kaninchenpastete, Nieren, Leberklößen und Fleischragouts
- für kalte Fleisch- und Wurstplatten
- an gefüllte Eier
- wie Waldmeister an Bowlen
- zu Kräuterwein
- zur Likörherstellung
- an Salatmarinaden, besonders für grünen Salat
- an Rohkostplatten
- wird gern in der Diätküche verwendet
- zu vegetarischen Gerichten
- 1/4 Teelöffel unter die Kruste von Pfirsich- und Aprikosenkuchen
- zusammen mit Preiselbeeren an Fruchtsalate

Welche Pflanzenteile werden verwendet ?

- Blätter und Triebe (jung und feingehackt)
- frisches und getrocknetes Kraut
- Blüten für Salate

ZITRONENMELISSE – *Asperula odorata*

Zitronenmelisse
Melissa officinalis

Trieb mit Blütenständen

Blatt

Geschmack

- stark würzig
- erfrischender minziger
  Zitronengeschmack

Tipps:

Zitronenmelisse kann als frisches Kraut allen Speisen zugesetzt werden, zu denen sonst Zitronen verwendet werden ! Sie gibt vielen salzigen Speisen einen typischen Zitronengeschmack ! Melisse nie mitkochen !

Anbau

- Aussaat im April ins schattige Frühbeet
- keimt in 25 - 30 Tagen
- auf 30 x 30 cm auspflanzen
- Vermehrung durch Stecklinge geht schneller; auch Pflanzenteilung ist möglich (aber diese Pflanzen sollten schon 3 Jahre alt sein)
- am besten auf sandiger, humusreicher und leicht lehmiger Gartenerde anbauen
- auch Dünger bekommt ihr gut
- Anbau in windgeschützter, halbschattiger Lage (ist empfindlich gegen pralle Sonne)
- möchte mittelfeuchten Boden
- haben (ist gegen stauende Nässe empfindlich)
- am besten eine eigene Ecke im Garten geben, da alle Melissen sich stark ausbreiten
- lockt Bienen an und duftet angenehm nach Zitrone
- ist nicht ganz winterhart, deshalb durch angehäufelte Erde oder Tannenreisig schützen
- sollte alle 3 Jahre verpflanzt werden
- das Kraut wird kurz vor der Blüte geschnitten und getrocknet
- wenn die Blütenstände nicht rechtzeitig abgeschnitten werden, gibt es im nächsten Jahr massen-
- haft Zitronenmelisse im Garten
- eine gute Ernte ist erst ab dem 2. Jahr möglich: die Blätter kann man dann jederzeit ernten (der Geschmack ist jedoch in der Zeit am besten, wenn sich die Blüten öffnen)
- kleine Pflanzen lassen sich gut im Haus ziehen, wenn ihr Gefäß nicht zu flach ist (müssen aber für das nächste Jahr neu angeschafft werden);
  Tipp: 3 - 4 junge Pflanzen zusammen setzen, sie bilden dann einen schönen Busch
- bei Zitronenmelisse reichen 2 - 3 Pflanzen für eine Familie

Verwendung in der Küche

Bereitung von Speisen und Getränken

- an Kräuterquark und Majonäse
- alle Salate gewinnen mit Zitronenmelisse an Geschmack
- zu Fruchtsalaten
- zu Gemüse (besonders Mangold und Sauerkraut)
- an Kräutersuppen
- an Obst- bzw. Fruchtsuppen
- an weiße Soßen (Fischsoßen), aber auch an Kräuter- und Tomatensoßen (engl. Minzsoße zu gebratenem Lamm)
- an Fleischgerichte (besonders Schweinefleisch, Wild und Geflügel)
- an Fischgerichte (gebraten, gekocht)
- an Eierspeisen
- würzt Fruchtsaft, Wein, Kräuterlikör, Bowlen und viele andere Getränke
- überzuckerte Blätter sind eine hübsche Garnitur für eisgekühlte Getränke
- für Melissentee frische Blätter aufgießen oder sie dem Schwarztee hinzufügen (gerne auch zusammen mit Pfefferminzblättern) und mit Honig süßen
- Zitronenmelisse ist in der mediterranen Küche unverzichtbar
- zum Einlegen von Gurken
- an Pilzgerichte
- an Gelees und Pudding (aber auch für Melissengelee aus dem Saft der Blätter)
- auch an Milchspeisen, Fruchtsuppen und -salate

Welche Pflanzenteile werden verwendet ?

- Blätter (frisch und getrocknet)

ZWIEBEL – *Allium cepa*

Zwiebel
Allium cepa

Blütenstand

Zwiebel

Anbau

- Vermehrung durch Aussaat oder Steckzwiebeln
- ab März Aussaat ins Freiland in Reihen von 20 cm Abstand
- keimt nach 10 - 21 Tagen; später auf 5 - 10 cm pikieren
- schneller ist man mit Steckzwiebeln, die im April in Reihen von 20 cm Abstand (in 15 cm Entfernung) gepflanzt werden
- sehr günstig ist der Anbau in Mischkultur mit Salat, Erdbeeren oder Möhren
- die Zwiebel liebt sonnige, humusreiche (nicht frisch gedüngte !) Lagen
- der Boden darf eher trocken als staunass sein
- Zwiebellauch kann laufend geschnitten werden, wenn die Pflanzen kräftig genug sind
- Ernte der Knollen ab August (wenn das Laub braun wird und umknickt); dann zum Trocknen aufhängen
- Zwiebeln kann man durchaus in Balkonkästen und Töpfen ziehen
- eine vierköpfigen Familie kommt mit ihrem Bedarf an Zwiebellauch und Jungzwiebeln mit -zig Pflanzen während des Wachstums aus, vertilgt in der Regel aber Hunderte von Zwiebeln in einem Jahr

Geschmack

- scharf
- beißend-würzig
- bittersüß

Tipps:

Die Zwiebel ist wohl das vielseitigste Küchen-Kraut. Sie wird gekocht, gebraten, gebacken und glasiert. Durch den Kochprozess wird sie süßlich-mild.

Die Zwiebel ist auf der ganzen Welt verbreitet. Bei uns ist sie das bekannteste und beliebteste Küchenkraut (Gemüse/Gewürz).

Verwendung in der Küche

Bereitung von Speisen und Getränken

- die Verwendung von Zwiebeln ist so vielseitig, dass hier im wesentlichen nur Speisegruppen angegeben werden können :
- zu Brotbelag und Quark
- zu Salat
- zu Kartoffeln
- zu Gemüse (auch selbst als Gemüse)
- zu Suppen (besonders bekannt ist die französische Zwiebelsuppe)
- zu Soßen
- zu Fleisch
- zu Fisch
- in der chinesischen und japanischen Küche wird vorwiegend die schlanke Frühlingszwiebel verwendet
- zu Pilzen
- Einlegen kleiner Zwiebelchen in Gewürzessig
- zu Aufläufen
- auch in Quiches oder Blechkuchen

Welche Pflanzenteile werden verwendet ?

- das Zwiebellauch
- die Knolle

NOTIZEN